重ねる時間

辺見えみり

大和書房

はじめに

私は「いい加減」という言葉が好きです。

マイナスの意味もある言葉ですが、私はいいバランス、良い加減になっていくという意味で捉えています。凝《こ》り固まった、こうでなくてはいけないという生活や考え方ではなく、自分に合った頑張り方、サボり方を手に入れていいバランスで生きていくことが、40代の私のテーマでもあります。

ただ、「頑張らなくていいんだよ」という言葉は、私には少し違和感があるんです。やはり何かに挑戦している時間、自分を調整している時間は、大切で心地いいもの。良い加減でサボりつつ、頑張る場所を決めることで、自分を甘やかしすぎず、いい刺激と休憩を繰り返していけるんじゃないかと思うようになりました。

そのためには、「自分を知ること」が大切だと実感しています。自分を知るためには、「重ねる時間」のなかで何に違和感を抱き、何に心が動かされているのか、自分を観察してみること。「とりあえずこれでいいや」ではなく、「これがいい！」と心から思うものを求めていく、そんな毎日を目指していけたらいいなと思っています。

この本は、今私が大切にしているもの、今の大切な時間をまとめたものです。そして変化してきたもの、価値観の変化もお話ししていきたいと思っています。

この本に触れて、少し「自分を変える」きっかけになったり、何かのお役に立てたなら、こんなに幸せなことはありません。

重ねる時間

目次

朝時間

昼時間

夜時間

朝時間

MORNING TIME

「朝を制するものは一日を制す」という言葉があるけれど、
少しの早起き、朝の少しの家事、
少しのケアが今日の私をつくり、
そんな毎日の積み重ねが、
1年後、10年後の私をつくっていくんだろうな。

ソファは『karf』で購入。テーブルは自分のイメージを伝えて友人に作ってもらいました。

05:50

朝の光と影探し

朝5時50分――。

都会なのに外はどことなく凛《りん》とした静けさがあるこの時間が、私はたまらなく好きです。朝起きたときの気分って、毎日同じではないけれど、昨日何があったとしても、目が覚めるとリセットした気持ちになれる気がして。時間と気持ちに余裕があるときに限ってしまうけど、窓から入る朝日を追いかけて、家の中の光と影を探すのが私の日課。ベッドから起き上がってカーテンを開けたとき、壁に描かれる光と影。テーブルに映り込むレースのカーテン模様の光と影。植物の影、お風呂のお湯に映る光……。

時間と一緒にちょっとずつ移動しながら、部屋のあちこちに現れる光と影を追いかけていると、ちょっと重たかった体も心も自然と目覚めてくる、そんな気がするんです。い

東に向いている台所の窓からも朝日が差し込みます。朝の心地よい時間を感じながら、朝ごはんやお弁当を作ります。

い光と影を見つけたときは、すかさず写真を撮ってインスタグラムにかっこつけて載せちゃったり（笑）。

　春は少しあたたかくてやわらかい光、夏は鋭くて元気な光、秋は少し寂しいけど大人びていて、冬はまだ薄暗いんだけど凛とした光。日が長くなったな……とか、できる影と光の出方が変わったな……とか。そうやって、目覚めとともに感じる季節のめぐりゆく時間を、一日一日ちょっとずつ感じるのってなんだかとても贅沢《ぜいたく》だなと思うんです。

　起きてきた娘に「ママ、この光が好きなんだけど」ってさっき撮った写真を見せると、「私も撮ってみる」と大人には見つけられない光と影を教えてくれたりして、そんな時間もまた贅沢に感じます。

このボードも『karf』で買いました。朝日が当たるとまた違う顔を見せてくれます。

ベランダのこの大きな窓は、私のお気に入り。家を決めるとき、リビングの窓のイメージは大切なポイントです。朝起きてカーテンを開けたとき、ベランダの緑に反射したキラキラした光を見ると、「今日も一日頑張ろう」と思えるんです。カーテンを開けた途端、壁や床、家具に反射する光も、私を元気にしてくれます。

06:30

胃腸との相談

朝食を食べるかどうかは、胃腸と相談してから決めます。「朝だから何かお腹に入れなくっちゃ」ではなく、たとえば「昨晩の外食で食べすぎちゃって……、全然お腹が空いていないな」と感じたら、無理に食べたりしません。自分の体に耳を傾けるようにしています。体が重たいまま食べると余計につらくなって、動くのが億劫《おっくう》になるからです。

体の重さは、やる気や頭の働きにもリンク

しているような気がするので、私にとってとても大切な自分との対話です。

でも、「今朝はごはん食べなくてもいいかな」って思う日でも、毎朝飲んでいるものがあります。私の体の調子を整えてくれる救世主（笑）。『ナチュラルハウス』で出会った「マイ・フローラ」という、植物乳酸菌発酵エキス。これと出会ってから、腸の調子がいい。それによって肌の調子がいい。一石二鳥。飲む量も少ないので楽に腸活できています。

もちろん、お腹が空いている日はきちんと食べます。といっても、朝からいろんな種類のものを食べたりすることはないんですが……。

こだわりの大好きなパンとコーヒーをゆっくりいただく。コーヒーは豆から挽《ひ》けるコーヒーメーカーで淹《い》れ、豆の香りを感じながらお気に入りのコーヒーカップで。ごくごく普通の時間なのですが、日によって豆の種類を変え、気分によってカップを変えることも、その日の自分を知る方法のひとつ。

今日は濃いめのコーヒーで目を覚ましたいとか、手に持ったときにやわらかい感覚を感じられるコーヒーカップを使おうとか、そんなふうにしながら、今日の自分の状態を確認するようにしているんです。

ベランダのテーブルとイスは『IKEA』のもの。ここに座って過ごす時間が本当に大好きです。

ジャムや
フルーツを添えて

朝食に並ぶフルーツは、ぶどうが多いような気がします。ジャムは断然このマーマレード。三つ星フレンチレストランで修業した小澤亮平《おざわりょうへい》さんという方が作る『Nui』のマーマレードが本当においしいのです。

お腹の
調子がよくなる
MY FLORA

毎朝のお供が「MY FLORA」(野村乳業)。植物乳酸菌発酵エキスで、これを飲み始めてから、お腹がすっきりするようになり、手放せなくなりました。冷蔵庫には常備してあります。味はにんじんジュースのような感じで、おいしくいただけます。

大好きな遠藤素子《えんどうもとこ》さんのカップで朝の至福の一杯をいただきます。

COBI COFFEE
COBI BLEND dark

中深煎りの、程よい苦味のあるこの豆もおいしいです。深いコク、切れ味のいいすっきりとした苦味が好きで、南青山に行くと必ず購入しています。

丸山珈琲
SINGLE ORIGIN
MEDIUM ROAST

酸味、苦味、甘味のバランスがちょうどいいコーヒー豆。風味はもちろんのこと、後味がすっきりして私好みなのです。

気分によって コーヒー豆を変える

益子《ましこ》の陶器市で出会った林《はやし》さとみさんのカップ（右）と、一つひとつ味わいが異なる小泊良《こどまりりょう》さんのカップ（左）。作家さんたちの作ったお気に入りのマグカップをじーっと眺めながら、今日は何をしようかなと考える時間も幸せなのです。

SATURDAY 08:00

土曜日の常備菜

我が家では、ときどき、土曜日の朝に野菜が届くように農家さんにお願いをすることがあります。その時期にたくさん穫れるおいしい旬のものがメインで、おまかせ野菜がダンボール1箱分。「どんなものが届くんだろう」と箱を開けるのも楽しみだし、自分でスーパーで買うときは選ばないような野菜も入っているので、新たな料理にチャレンジするきっかけになったりもするのです。

20代の頃、仕事に追われて頭がパンクしそうになったときに、夜中にタンシチューをグツグツ煮込んだことも（笑）。その頃はとにかく忙しくて、グツグツ煮立った大きな鍋を汗だくになってかき混ぜている夢を見て、ハッと目覚めるなんてこともありました。「忙しい」＝「心を無にしたい」＝「料理をする」という方程式が、私の中に刷り込まれているのかもしれません。

そんな調子なので、土曜日に届いたその野菜たちもひたすら調理。「作り置き料理」というゴールに向かって包丁を動かし、混ぜたり煮込んだりしながら、来週のために準備をします。

「無心」って「むりやり心を無にする」のではなく「自然と心を無にできる」という感覚。私はいつも何かしらを頭で考えては「あーでもなかった、こーでもなかった」と思いをめぐらせてしまうタチので、「何も考えない時間」＝「無」になれる時間はとても落ち着くんです。みじん切りをしながらリラックス（笑）。そうこうしているうちに、来週いただくごちそうができあがりました。

08:00

心と部屋の掃除

学校に行く娘を見送ったら、自分を整える時間。私にとって「掃除」は、自分を整えることでもあるし、今の心の状態を知ることでもあります。部屋が汚れているときは心も乱れている証拠。「このままでいいや」って感じてしまうのも、「掃除なんてしたくない」って思ってしまうのも、心が疲れているから。

「掃除をすることが今日はちょっとしんどいな……」と感じて体が動かない日は、小さな動きから始めることにしています。キッチン、バスルーム、トイレ……、動線のあちこちの引き出しに100円ショップで売っているセスキシートをしのばせて、ササッと台や棚を拭いたり、その流れにのれたら、トイレをきれいにしたり、掃除機をかけたり——。そうして始まる掃除タイム。

セスキシートは、拭いた先からきれいになっていくのが気持ちよくてかなり愛用しています。コスパがいい優秀アイテムです。

きれいな空間は気持ちを前向きにしてくれるし、そのための掃除は心の疲れをとってくれる、言ってみれば「深呼吸」のようなもの。

何か気持ちが落ち込んでいたり、考えごとがあったり、不安を抱えていたりするときも、掃除をすることで心が落ち着いていったりするから不思議です。仕事のアイデアが浮かばなくてもうイヤだと思っていたら、今までとは違う方向から考えられたり。「そういえば、友人があんなおもしろいことを言っていたな」と思い出し笑いをしながら窓を拭いていたら、なんとかなるかと思うことができたり。

毎日気になるところを拭いていくだけで、心も部屋もすっきりする気がしています。

キッチンまわりをリセット

料理をし終えたら、ガス台を拭き、水まわりを拭き上げ、出したものはしまっているので、そんなに掃除をするところはないのですが、毎朝キッチンをチェックして気になるところを拭きます。毎日きっちりではなく、思いついたところを少し丁寧に。

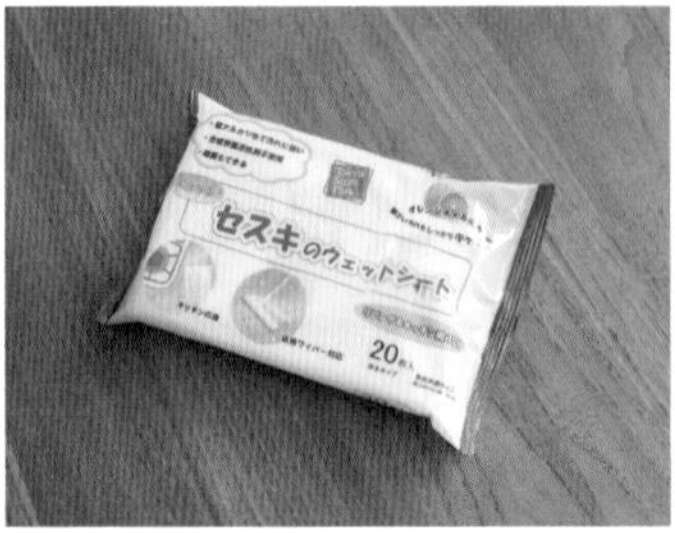

セスキシートが大活躍

セスキ炭酸ソーダが配合されたセスキシートがとても優秀。100円ショップで買ってストックしています。

トイレ空間も
すっきりと

トイレ掃除、意外と好きなんです（笑）。ここもセスキシートで拭き拭き。タイルを磨いていると、つい夢中になってしまうほど。

朝の光を浴びながら
リビングの掃除を

掃除機は『BALMUDA』のホバー式クリーナーを使っています。見た目がシンプルなのでインテリアになじむのと、前後左右斜めと自由に動いてくれるので、ストレスがないのもうれしい。掃除機をかけるのが楽しい時間。

08:30

玄関のイメージづくり

よそのお家にお邪魔したとき、最初に目に入ってくるのが玄関。玄関って、その家の印象とか住んでいる人の印象を決める、と私は感じています。

絵を飾っている家、大きな鏡を置いている家（この2つは私（笑））、オブジェを飾っている家、靴がたくさん置いてある家、鳥が迎えてくれる家……、いろいろなお宅を見てきました。玄関の大きい小さいにかかわらず、住む人がその空間を楽しんでいることは、とても素敵だなと思います。

玄関自体は大きくないけれど、入ってすぐの場所に、ちょっと大きめの花瓶を置いてお花を飾っているお家がありました。私が遊びにくるからと、私のイメージのお花を飾ってくれたのだそうです。玄関に何か台や靴箱があるわけじゃないのに、ひとつの空間ができあがっているうえ、粋《いき》なはからいに「惚《ほ》れてまうやろー！」（笑）。とてもうれしかった記憶として、今も残っています。

見た目の印象ももちろん大切だけど、何よりきれいにしていることは心の豊かさにつながると思い、朝は必ず、玄関まわりもチェック。毎日のことだからなかなかできないことでもあるけど、出かけるとき、帰宅したときにパッと目に入ってくる風景は、精神に影響があると思っています。

ここでまた、セスキシートの登場。玄関近くに置いておけば、すぐに拭き拭きできる優れもの。掃除機は、家の真ん中あたりに位置する収納場所に置いておけばすぐ手に取れます。

正面

玄関のドアを開けるとすぐに目に入るこの場所には、大好きな高橋《たかはし》ヨーコさんのアート写真を飾っています。地球は丸いんだなと感じる海と、そこを泳ぐひとりの女性の写真。棚にはものをあまり置かず、すっきりと。玄関のたたきには靴も置かないようにしています。

廊下にはアートを

サンフランシスコに行ったときに出会った、画家の村永《むらなが》令子《れいこ》さんの作品。見る人によって見え方がいろいろで、その感覚に感銘《かんめい》を受けました。めぐり会えた大切な一枚。

20代から使い続けている全身鏡

20代の頃から使っている鏡。玄関脇に立てかけて、出かける前に全身をチェック。アンティーク調で重厚感があり、インテリアにもなじんでくれます。

スリッパはカゴに入れて

スリッパは、女性作家さんが一枚革で作った『toe to knee』のものを愛用。素足で履いても気持ちいい。かわいい編みカゴに入れて置いています。

玄関マットは『IKEA』で購入

室内用の玄関マットは『IKEA』で購入しました。家に入るとパッと目に入る玄関マットは大判のものを。玄関の空気をつくってくれる頼もしい一枚。

鍵入れは天然木のプレートを

ぬくもりのある質感が気に入って、天然木のプレートを鍵置き場に使っています。無機質になりがちな空間をやさしくしてくれる、さりげない存在。

09:00

植物の水やり

我が家にはいくつかの植物があります。植物があることで、窓に映る風景が絵画のひとつに見えたり、生きているインテリアになるところに魅力を感じています。我が家では、モンステラやオリーブ、オオヒトデカズラ、プラティケリウム・スペルブムなどが、「私はインテリアだ‼」というような顔をして、リビングや庭に溶け込んでいます。

植物たちには、毎日お水をあげないといけません。お天気がいい日が続いたときは特に、水やりをサボってしまうとシュン……。途端に元気がなくなってしまうので、これも朝の日課。でも昔、お花屋さんのおじさんに「男と植物は甘やかしちゃダメ‼」と言われたことがありました（笑）。なのでバランスをとりながら、慎重に水やりをしています……。

せっかくなので、私もこの時間に日光

浴。背中に太陽の光を浴びて大きくのびーーーーーをしながら深呼吸。

忙しいとき、悩んでいるときって、呼吸が浅くなるっていわれていますが、自分では気づけないんですよね、なかなか。

あー、私って呼吸が浅かったんだなってわかったり、だから気持ちがちょっと下向きだったのかなってわかったり。

背中に太陽の光を浴びながら大きく深呼吸をするだけで、体がポカポカしてきて、気分も前向きになれるんです。

ちょっと体が元気になったら、大きめのジョウロにお水をたくさん入れて水やりが始まります。ドボドボドボドボ。水道からお水がジョウロに入っていく音も好き。季節の薫りをのせて風が吹いてくれたら、もう最高にうれしい時間が流れます。

ROSE
BATH OIL
bamford
BATH
OIL
SHIGETA
PARIS

09:15

お風呂という名の薬局

私にとってお風呂は、薬局に行って処方箋《しょほうせん》をもらってそのお薬を飲むような感覚。わかりづらいかな（笑）。

もちろん一日の疲れをとるためにお風呂に入ることもありますが、朝、誰もいない家でゆーっくりとお風呂に浸かる時間は、筆舌《ひつぜつ》に尽くしがたい至福感があるんです。

まず入る前に、数あるバスオイル、バスソルトの中から、自分が今日はどんな状態なのかを考えながら選びます。自分の体からのメッセージは毎日違うので、ただ汗をたくさんかきたいという日は発汗作用のあるバスソルトを、腰が痛いなという日は薬用の「きき湯」を、生理前でなんだかだるいなという日は『ポール・シェリー』のオイルを、という感じで常に20種類くらい取りそろえています。

それを選ぶ作業は、処方箋を見ながらお薬をいただくことにちょっと似ているかな。そんなふうに自分の体をメンテナンスしていく感覚がたまらなく好きで、新しいバスソルトやオイルを買った日も同じようにワクワク。サラサラとした質感、トロッとしたオイル、心をゆるめてくれるようなやさしい香り、そしてきれいな色……。なんだか女子心をくすぐられて幸せな気持ちになってしまう。

あまりに疲れていたり、人にたくさん会った日は、粗塩をドバッとバスタブに入れて、体にたまったものを出すようにしているんです。まさにデトックス。キャパオーバーになっていた自分を見つめながら、スーッと心を落ち着かせていきます。

こんな感覚になれるひとり時間は、心底リラックスできるのです。

バスオイルやバスソルトたち

バスオイル / Bath oil

毎日の自分の体と相談をして、いくつかのバスソルトやバスオイルの中からチョイス。b／『PAUL SCERRI』の「ピュリファイング」（右）と「ハイドロ」（左）のバスオイルは、生理前で体が重たいなというときに重宝。アロマの心地よい香りに包まれ、心身ともにリラックスできます。c／『bamford』の「ローズ」のバスオイルは、まるで美容オイルのよう。しっとり潤うのが実感できます。

バスソルト / Bath salt

a／『SHIGETA』の「ローズダイブ」は、肌ケア時に。d／『F organics』の「ローズ&イランイラン」や、g／『Santa Maria Novella』の「ザクロ」は、香りを楽しみたいときに。e／『BARAKA』の「ジョルダニアン デッドシー ソルト」は疲れたときにおすすめ。f／『OUTERSUNSET life』の「エプソムソルト WOMEN'S CARE（女性不調）」（右）と「同 MENOPAUSE（更年期）」（左）は、体調によって使い分けを。

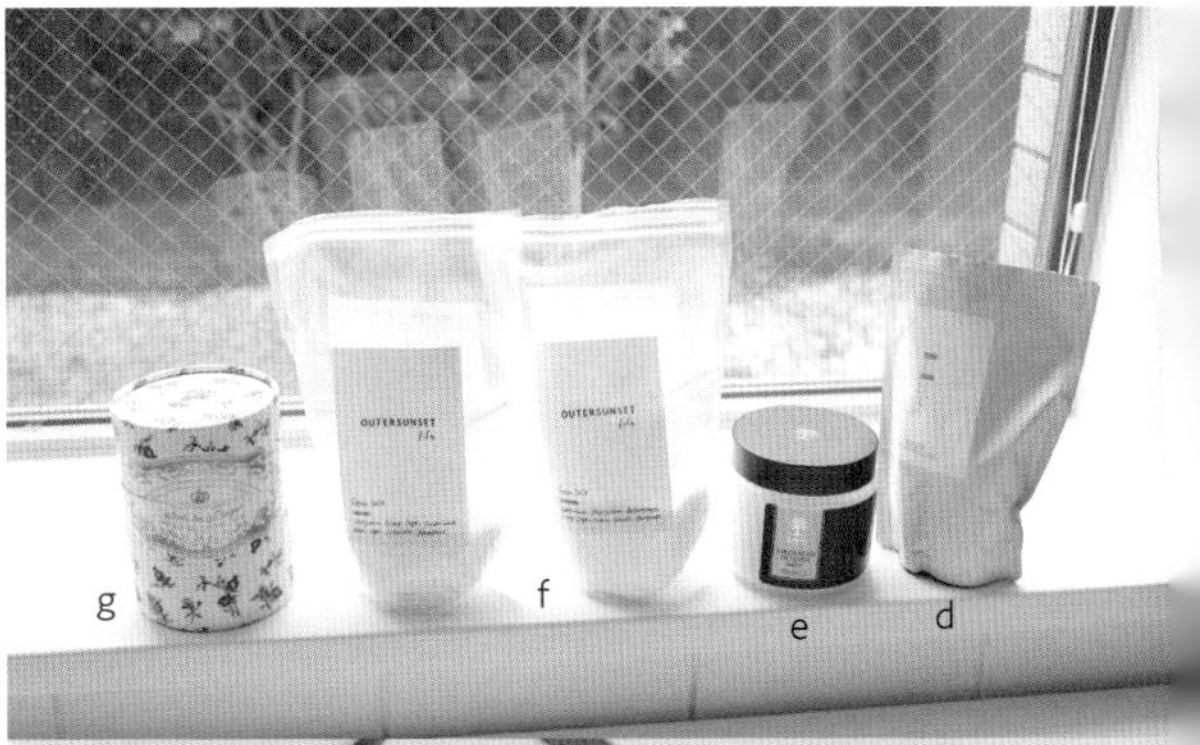

入浴剤 / Bath additive

h／腰が痛い、肩こりが気になるときは、『バスクリン』の「きき湯」を選びます。入れ物をガラス容器に変えるだけで、見た目がおしゃれに（笑）。シュワシュワと体を包み込んでくれる炭酸ガスが、体を芯まで温めて労《いたわ》ってくれます。i／汗をかきたいときには、血流が促進される『BARTH』の「中性重炭酸入浴剤」を入れます。夜の入浴時、よく眠りたいときにも。

10:00

自分の額縁

髪型をショートカットにしてから、髪型に関する質問をインスタグラムでもたくさんいただくようになりました。

私の南青山のお店『アウターサンセット』に会いにきてくださる方もショートカットにしている方が多く、「実は……、真似させてもらっています！」なんて、とてもうれしいお言葉をいただくこともあります。「私よりも素敵だなぁ」「私もあんなふうにできたらいいのに！」と、髪質の違うお客様のショートカットを見てうらやましく思うことも（笑）。

隣の芝は青く見える……。

本当にそういう感じなんだと思いますが、自分の髪型に納得していない私に対しても、「どうやったらその髪型になりますか？」という質問をいただきます。「そんなに難しいカットをしているわけじゃない」と、私をカットしてくれている美容師さんは口をそろえて言いますが（笑）、生えグセとか、髪質とか、セットの仕方があるのかなと思います。

ヘアスタイルを決めるときは、美容師さんにおまかせにはしていません。今回は全体イメージをどうしたいのか、部分的にどうセットがしやすくて、微妙だった部分はどこなのかなどをちゃんと伝えるのですが、これが私にとっての安心材料につながり、それによって美容師さんとの間に信頼が生まれるのかなと思っています。

いつか、私とはまったく違う方向から見てくれる方にすべてをまかせ、「どーにでもしてくれ！」とカットしてもらうこともひそかな夢です（笑）。

10代の頃、ヘアメイクさんをつけてもらえることもなかったので、自分でドライヤーとロールブラシを使ってセットすることが当たり前でした。ヘアメイクさんがやっているセットをチラチラ見ながら真似をしていたら、気がついたら自分でドライヤーとロールブラシを操《あやつ》れるようになっていました（笑）。

毎日がっつりセットしているのではなく、自分の生えグセと逆のほうに乾かしてボリュームを出し、トップの部分と前髪に1、2回ロールブラシとドライヤーの熱を入れています。あとは、ワックスとスプレーでセットするだけなんですが……、伝わるかなぁ（笑）？

個人的なこだわりとしては、後ろにボリュームを出しすぎないこと。30代の頃みたいにボリュームを出すと、かなりマダム感が出てしまうので控えめにしています。さらに束感を前髪の部分に出すこと。これはワックスとスプレーで出しています。

寝グセだらけの朝、顔の額縁である髪型をセットするときは、「よしっ！」と自分にエンジンをかける時間だと思っています。

余談ですが――。

友人と「もし大金をもらえて、『全身どこでもなおしていいですよ』と言われたら、どこをどうしたい？」なんて話をしたことがあります。昔だったら、肌をピーンとさせてシワをなくしたいとか、鼻を高くしたいとかだったなぁ……と思うんですが、最近は髪の毛とか、眉毛やまつ毛を含む「毛」の印象をよくしたいと思うようになりました。

髪の毛、眉毛やまつ毛は、とにかく一度失ったら元には戻らないもの（笑）。なぜ若い頃あんなに大胆に眉毛を抜いて、水道管に流していたんだろう……と涙が出てきます（笑）。あのとき大切にしていれば、まつ毛や眉毛の少ない自分は見なくて済んだかも？　なーんて（笑）。髪の毛もやはりボリュームがなくなると若々しく見えなくなるし、後回しにしがちですが、髪の毛は人の印象を大きく変えるものなので、髪の毛にいいことは特に大切にしていきたいなと思っています。

カットとカラーは、ショートカットなので月一回。サロンは中目黒の『hair salon marr』で、Masatoさんにカットしてもらっています。

ブローの流れ

後ろはボリュームを出しすぎないようにしています。マダム感が出ないように注意。

生え際にロールブラシを入れて、ドライヤーで熱を与えながら、髪の流れをつくります。

トップは特に生え際に立ち上がりのクセをつけ、きちんとボリュームが出るようにセットを。

前髪もふんわりブローを。束感が出るようにワックスとスプレーで仕上げています。

最近使っているのは、『mm』の「クリームバター」。パーマをかけていない髪に動きを出してくれます。適度な束感を出してくれる、頼もしいスタイリングバーム。

10:30

洋服という存在

洋服は、私にとってとても大切な存在。理想の自分に近づけてくれるひとつのツールであり、そのときのなりたい自分、イメージをつくり上げてくれるものだからです。

本当の意味でおしゃれを自分のものにしている人は、第三者的に自分を見て、自分の年齢、見た目、雰囲気などを理解したうえで洋服を選んでいて、〝大人の余裕〟を感じます。

私は、毎朝、今日は何を着ようかなと考える時間をとても大切にしています。自分を客観的に考える時間でもあるからです。

私が30代の頃、40代の女性に、

「自分を理解することが、自分のスタイルを決めることになるよ。どう見られたいかより、どんな人になりたいかが大切」

と言われ、ハッとしたことがありました。

人からどう見られているかも大切だけど、それに引きずられてしまうのはもったいない。誰も責任を取ってはくれないんですから（笑）。

自分で決めたものを「私はこれが好き！」と胸を張って生きている人は、とても魅力的です。ファッションには、そういう意思や生き方が表れるんだと思います。

ただ、冒険したいけどなかなかできない、〝安全パイ〟で生きたくなる気持ちもすごくわかります。私もそう思ってしまうときがあるので……。変わることってとても不安なこと。でも、そんななかでも、小さな挑戦はしていきたいと思うんです。

挑戦している人って「自分のこと」に夢中だから、「人のこと」なんて気にしている場合ではないのかもしれません。私が人のことをあれこれ気にしているときは、たいてい立ち止まってしまっているとき。人から見たら小さな挑戦でも「新しいことにトライしてみよう！」と思う気持ちって、実は自分を大きく成長させているんですよね。それが半歩くらいでも、０・１歩でも（笑）。

そのうえで、調整も大切だと思っています。挑戦ばかりだと、自分を振り返ることなく、違和感に気づかず、だいぶ進んでから「あれ？何かがおかしい」って気がつくことも。そんなときは、歩みをちょっとゆるめてバランスを整えます。

生きていくなかで、洋服は一番に重要なものではないと思います。でも、新しい服を買って袖を通すときの喜び、新しい自分になろうと思って買い物に行くときのワクワク。一番重要なことじゃないからこそ、私たちに与えてくれる新しい感覚がある。洋服って、そんな頼もしい存在なんだと感じています。

私をつくるスタイル

理想の自分に近づけるツール、それが洋服。朝クローゼットを見ながら、今日は何を着ようかなと考える時間は、自分を見つめ直す時間でもあります。40代になって少し調整した、私の3つのスタイルを紹介します。

Coordination 1

私のワードローブに必ずあるのがオーバーオール。子どもっぽくなるかもと思われがちですが、素材や形をちゃんと選んで、合わせる靴やアクセサリーでバランスをとると、とても素敵に仕上がります。上品に見えつつ、リラックス感のある大人カジュアルな着こなしがポイント。オーバーオール／BARNYARDSTORM×OUTERSUNSETのコラボ、ニット／EVERYDAY I LIKE.、サンダル／NEBULONIE.、アクセサリー／OUTERSUNSET life

Coordination 2

ロングスカートに存在感のあるスニーカーを合わせたスタイル。『CONVERSE』や『VANS』しか履かなかった私ですが、最近『KARHU』のスニーカーにハマっています。ちょうどいい存在感があり、いろいろな服に合わせやすく、とても好きなブランドです。トップス／Ron Herman、スカート／COCUCA、スニーカー／KARHU、バッグ／LOEWE、アクセサリー／OUTERSUNSET life

Coordination 3

40代になって選ぶワンピースが変わってきました。フェミニンなワンピースも好きだけど、きれいな色とシンプルな形でクールに着るのもすごく好きになりました。ワンピース／HERITANOVUM、デニムパンツ／OUTERSUNSET、シューズ／Maison Margiela、アクセサリー／OUTERSUNSET life

11:30

ワードローブとの対話

子どもの頃の私は、祖母に「明日の準備をしてから寝なさい！」と言われ、「明日の気分なんてわからないのに〜」と思いながら、渋々学校の準備をしていました。大人になってから「これは贅沢！」と思ったのは、朝、「今日は何を着ようか」と考える時間があること。今日会う人を思い浮かべたり、仕事の内容や場所を考えてコーディネートすることができる時間があること。

この家に引っ越してきたとき、パッとワードローブを見た瞬間に自分の持っているものを把握《はあく》できるほうがいいなと思い、『イケア』の〝自分でパーツを決められるワードローブ〟を購入しました。棚や引き出しの場所、アクセサリー入れまで自分で自由に決められる、夢のようなワードローブです。

このワードローブにしてから、「あまり着なかったな」と思うものがなくなりました。自分の最近の好みの傾向もわかります（笑）。なんだかやけにパンツばかり買っているなとか、最近黄色ばかり着ているなとか。

奥に入ってしまった洋服は、なかなか掘り出してもらえません（目に見えるからこそ、気に留《と》めてもらえる……ってなんだか切ないですが）。だからこそ、みんなが主張できるようなかたちをとるようにしています。

20代の頃は、とにかく洋服にたくさん投資をしていました。今のワードローブではなかったので、洋服がどんどん奥に追いやられ、そのシーズンの終わりに「あれ？　こんな洋服買ったっけ？」とガックリきたことも。

人は「人から見られて垢抜《あかぬ》ける」といいますが、洋服も同じで、人に見られていないと色あせてしまうような気がします。そう思う

と、お店のようにはいかないけど、洋服がきちんと収納されていることって、買ったものを見落とさないという意味でも大切だな、と思うのです。

洋服のコーディネートも、目の前にちゃんと洋服が見えていると、ワンパターンな合わせ方にはならなくなります。この色とこの色を合わせてみようとか、いつもはパンツで合わせていたけど、こっちのスカートで合わせてみようとか……、スタイリストさんがスタイリングをするときみたいに、ラックにかけながら合わせていける。そんな環境がファッションをより身近なものにしてくれると思うのです。

snow peak

家の一室を衣装部屋に。『IKEA』で購入した「パックス ワードローブシステム」で理想のワードローブをカスタマイズ。持っている洋服やアイテム、動線を考えて選んだので、理想の仕上がりに。

ワードローブに、アクセサリーをひと目で選べる引き出し式のトレイもつけました。つけたら、ここに戻す。アクセサリーの帰る場所をつくるだけで、なくすことがなくなりました。バッグたちの置き場所も。選びやすく戻しやすいのが収納のポイント。

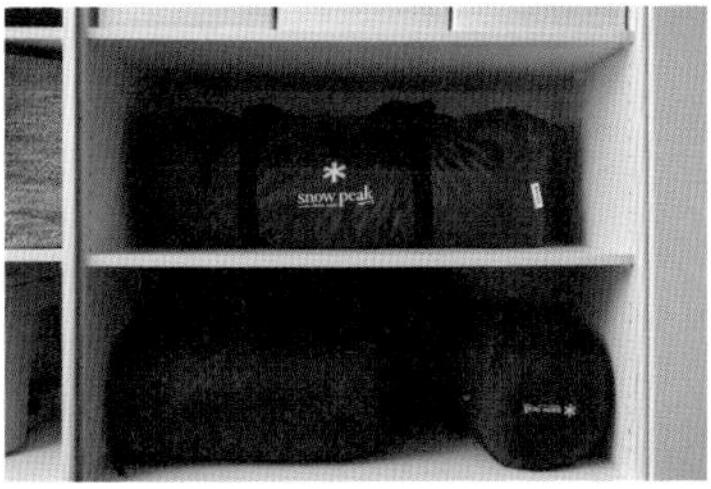

キャンプが好きになり、徐々にそろえたキャンプ道具たち。テントや寝袋もワードローブの一角に収納。

昼時間

NOON TIME

仲間とワイワイ楽しくランチをしたり、仕事をしたり。
心置きなく時間を過ごせる仲間、友だちって、
本当にかけがえがなく、大切な存在だなと感じます。

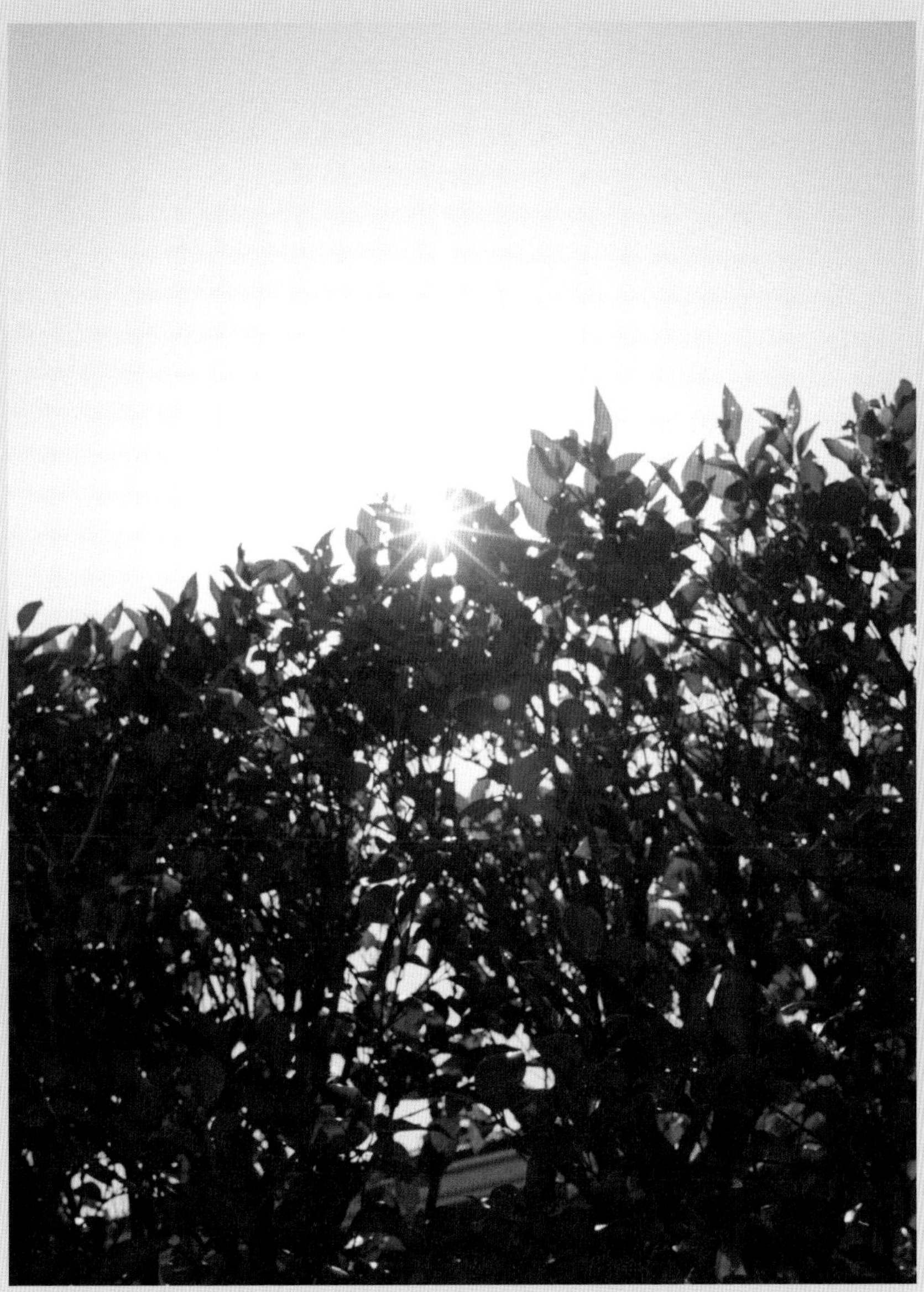

HOLIDAY 12:00

土日のランチ時間

　土日のランチは麺類が多くなります。娘も食べられて、冷蔵庫の中の食材でできる麺類は楽ちんなんです。

　パスタならだいたいトマトソース系かオイルソース系。思い返せば、クリームソース系はあまり作らないかもしれません。焼きそば、ラーメン、冷やし中華などの麺類もよくランチで作りますし、ちょっと私流にアレンジして作ることも。

　焼きそばだったら、エビとナンプラーとパクチーでタイ風にしたり、冷やし中華だったら、前の日のお酒時間に残った生ハムと水菜で、最後にオリーブオイルをかけてイタリアン風にしたり。

　麺類のメニューの多さって計り知れませんが、我が家では、パスタでも何でも麺類は、醤油、オリーブオイル、豆板醤などの調味料に合うので、その組み合わせを変えてレパートリーを増やしています。パスタはフライパンを出さなくても、ゆでた麺をボウルでソースとチャチャッと混ぜ合わせれば、洗い物も減ります。

　とはいえ、シンプルな食材に合うオリーブオイルとか、ナンプラーなどの味の決め手になる調味料は結構こだわっていいんじゃないかな、と最近思うようになりました。なので、朝朝（私はあまり遅くまで起きていないので、夜な夜なではないのです）ネットで調べては、どれがいいかな……と悩んだりして。ネットの評価だけではなく、自分でいろいろと調べて買っています。

　オリーブオイルは、〝炒める用〟と〝かける用〟の2種類を購入。おいしい野菜が手に入ったときには、野菜をそのままおいしくい

comfortable

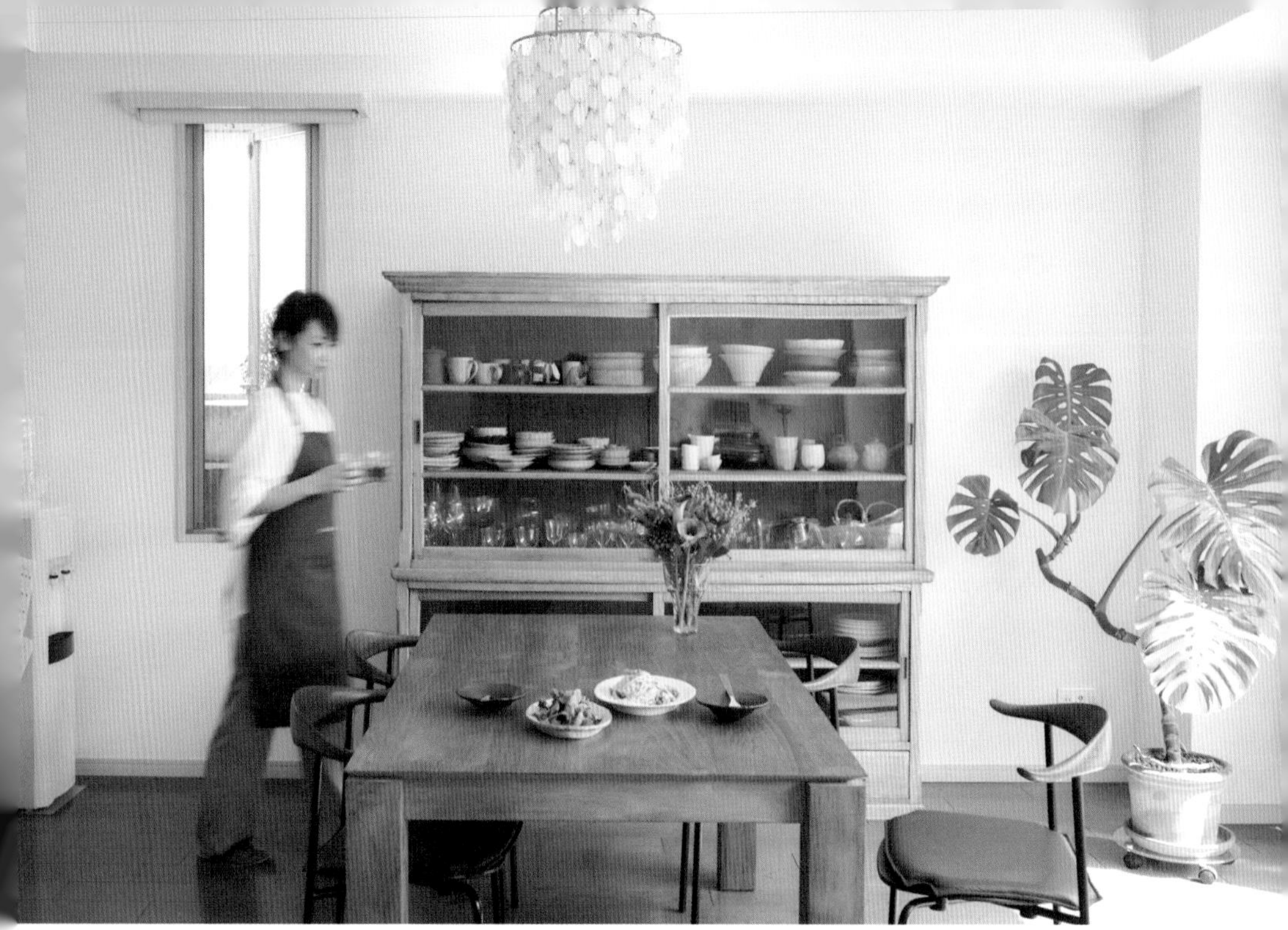

ベルギーのファニチャーブランド『Ethnicraft』のダイニングテーブルと、『CARL HANSEN & SON』のイス。『THE CONRAN SHOP』で買いました。

ただきたい――。だから塩も「これだ！」というものを選び、かける用のオリーブオイルと一緒に野菜にかけていただきます。やはり香りが違うと幸せな気持ちになりますよね。

そして、私の簡単料理に欠かせないものがもうひとつあります。それはパイタン（鶏がらスープ）。中華のイメージですが、七草粥を作るときも我が家はこれを使って最後にオリーブオイルをかけていただいています。子どもの頃、とにかく七草粥をいただく1月7日の「七草の日」が恐怖でした。うちの祖母が作る七草粥はシンプルなお粥。それが一般的であることもわかっているのですが、子どもの頃はそれをアレンジするレシピはなかったので、あのほろ苦さがより一層、子どもだった私に鳥肌を立たせていました（子どもですみません……笑）。なので、今、娘がパクパ

我が家で大活躍なのがナンプラー『Megachef』の「プレミアムフィッシュソース」（右上）。炒め物にもスープにも合います。オリーブオイルはかける用に『egregio』、炒める用に『ARDOINO』のエキストラバージンオリーブオイルを（左上）。顆粒の鶏がらスープの素は『yutori no kitchen』のものを愛用（右下）。塩は『Maldon』の「シーソルト」が欠かせません（左下）。

ク食べているのを見ていると、アレンジって素晴らしいなと感動します。

話はパイタンに戻りますが、パイタンは私が苦手だった七草粥をいい塩加減にしてくれ、以後出番が増えました。クレソンにごま油とパイタンをちょっとかけて食べたり、何か物足りないなと感じる料理の味つけ時に、お世話になっています。ネットには無添加のパイタンもあるので取り寄せて使っていて、とても重宝しています。

シンプルなものだからこそ、使うものにはこだわる。そんなことも考えられる余裕が少し出てきた土日のランチ時間です。

comfortable

お気に入りのパスタ

大好きな若山曜子さんのレシピ本『フライパンパスタ』（主婦と生活社）を参考にしながら、２つのレシピをご紹介。フライパンひとつで簡単にできてしまうので、最近はこの作り方でパスタを作っています。

「シンプルトマトソースのパスタ」を参考に

簡単なだけじゃなく、とってもおいしくできあがるトマトソースパスタ。
材料もシンプルなので、我が家の食卓によく並びます。

若山さんのレシピは、ソースを作ったフライパンでスパゲティもゆでるので、洗い物も少なくて簡単なのがうれしいのです。

フライパンにオリーブオイル、包丁の腹でつぶしたにんにく、赤唐辛子の輪切りを入れて火にかけ、粗く刻んだトマト缶のトマト、水、塩を入れてひと煮立ちさせたら、スパゲティをイン。ふたをしてそのままゆでたら、さらにトマト缶を加えて混ぜて煮詰めます。器に盛って粉チーズを振ったら完成（詳しくは若山曜子さんのレシピ本でチェックしてみてください）。私はトマト缶を加えて煮込むときにチーズもたっぷり入れて、よりコクと深みのある味に仕上げています。

「ツナとゆずこしょうのナンプラーレモンパスタ」を参考に

ししとう＋ツナを具材にして、ナンプラー＋レモン＋ゆずこしょうで調味。
これがもう完璧な組み合わせなんです。

レモンとナンプラー、そしてゆずこしょう。これがまた絶妙に合うんです。最初に作ってみたとき、ひと口食べてみてびっくりするほどおいしかったのです。こちらも我が家の定番パスタになりました。

フライパンにオリーブオイル、みじん切りにしたにんにくを入れて火にかけ、香りが立ったら水とナンプラー、スパゲティを加えてほぐし、ふたをしてゆでます。スパゲティがゆで上がったら汁気を飛ばし、ツナ缶、小口切りにしたししとう、ゆずこしょう、オリーブオイルを加えて混ぜ混ぜ。器に盛って、こしょうとレモン汁を振ったらできあがり。こちらも、ぜひ若山さんのレシピ本で作ってみてください。私のイチオシです！

12:00

ベランダ時間

この家に引っ越してきてから、ベランダで過ごす時間が増えました。友人が遊びにきてくれたときは、早めに我が家に集合して、ちょっと明るい時間からベランダでワインを一杯飲もうという話になります。

春の夕方、ちょっと寒いかなという時間に、ブランケットをかけながら飲むワインも格別です。

最近は、娘もベランダ時間が大好き。「今日はサンドイッチを作って外でピクニックしよう！」とか、「外でお茶しよー」と誘ってきてくれます。

夏にはビニールプールを設置して、私はビールを飲みながら娘を監視する（笑）みたいなときもありますし、ランチの時間になるとおにぎりをにぎって、ポテトを揚げてお重に詰めてピクニック気分を味わったりします。

都内のベランダなのに、鳥の声がすごくきれいに聴こえたり、風の音も感じられたりして、リラックスできる至福の時間に。

娘が小さい頃は、お弁当を作り、新宿御苑《ぎょえん》に行ってピクニックを楽しんだりしていましたが、その頃の娘は小さかったので、会話をするというよりは、走り回る娘を追いかけるという時間でした（笑）。今は7歳になり、一緒にいろんな話をすることができて楽しい。会話の内容もなんだか大人っぽくて、すごく私のことを見て理解してくれているんだなと思うようになりました。ポチャッとしたお饅頭《まんじゅう》のようなほっぺたを見ながら、おませな会話を聞く……、こんな幸せなベランダ時間はありません。

ベランダピクニックにも、やはり自分の好きなコーヒーカップや器があると気分が上が

ります。最近とても気に入っているのが、高《たか》野《の》繁《しげ》廣《ひろ》さんが作られているアイヌ文様のお盆。「このお盆に盛られたものを食べて、悪いものが入りませんように」という願いが込められている作品です。

ティーカップはもちろん、ワイングラスにも合うし、ひとりごはんのときに少しずつお惣菜をのせて食事をするのもすごく楽しいお盆。娘が大人になって子どもをもし授かったら、これをお食い初めに使ってくれたらいいなと思っています。

今は、私との生活のなかでベランダやおうちで使っていますが、娘が大人になったら譲って好きな使い方をしてもらいたい。そんなことを思いながら、娘と過ごすベランダ時間が何よりの贅沢なのです。

おにぎりは「ろく助 塩」でにぎります。コクとうま味がプラスされて、シンプルなのに感動的な味わいに。ポテトサラダは、電子レンジは使わずにコンソメスープで煮込むのがポイント。味つけが薄くてもおいしく仕上がります。

おにぎりをにぎって、おだしで作ったシンプルな卵焼きに、しっとり仕上がったポテトサラダでランチプレートを。高野繁廣さんが作られた木彫りのお盆にのせれば、いつものごはんもごちそうに変わる気がします。『STUDIO PREPA』の、クリアなガラスが美しいティーポットでお茶を煎《い》れたら、ベランダへ。

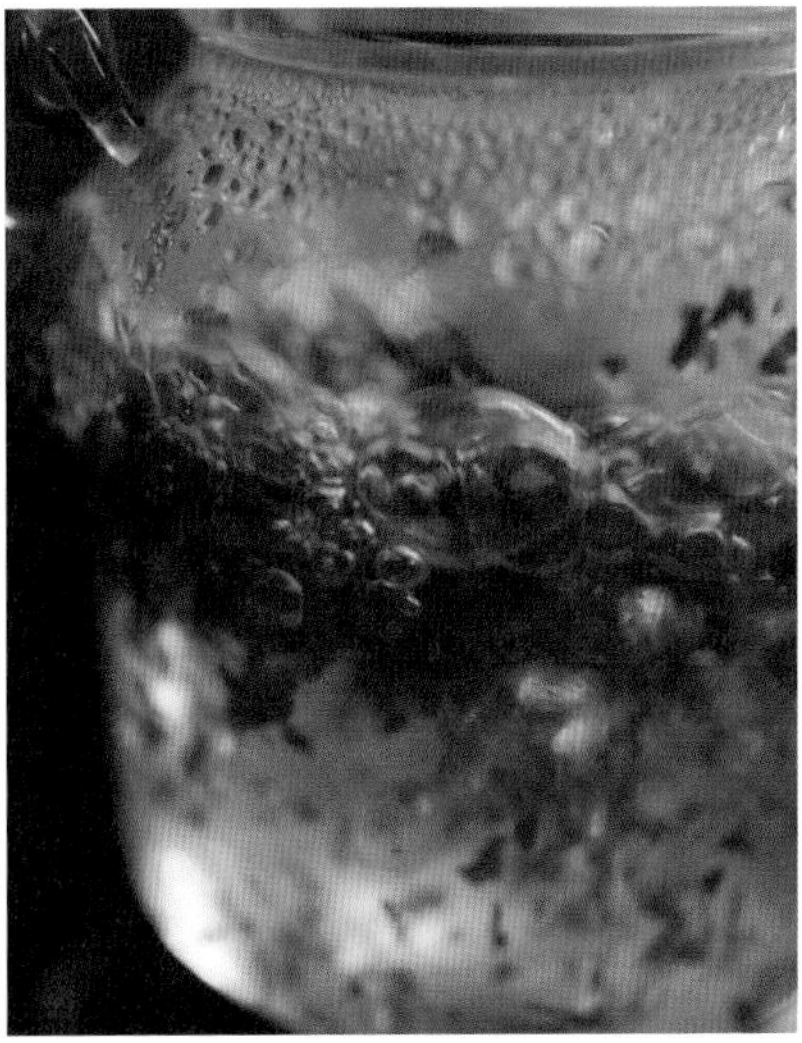

13:00

車というもうひとつの家

19歳のときに車の免許を取りました。乗ってもいい年齢になったら、すぐに取りにいこうと決めていました。私が子どもの頃、母の運転する車によく乗っていました。若い頃の母親は、すごくスマートな運転をし、裏道もよく知っているし、狭いところも怖がらずスーッと走り、駐車場にもサクッと入れてしまう。横から見ていた私は、大人になったらこんなふうに運転したいなと憧れていました。

ただ、母親にこの話をすると、「自分は怖がりだったから、近くばかりにしか連れていけなかった。もっと遠くに連れていってあげたかった」と言います。私と兄を乗せて、たとえば温泉に行くとか、遠出をするとか、怖がりな母にはなかなか難しかったみたい。

私が免許を取った19歳当時、テレビの仕事が一番忙しい時期で、睡眠時間もかなり少なかった記憶があります。それでもとにかく教習所に行きました。その頃の私は、誰も信用できず、同世代の人たちともゆっくり話せるような状況ではありませんでした。家にはなかなかゆっくりいられないし、移動の車の中だけでも守られた時間が欲しい……、そう思いながらとにかく教習所に通いました。

そんな努力の甲斐《かい》あって免許を取得。その日から毎日のように車に乗り、車の中で台本を覚えたり、ストレス発散に歌を歌ったり。意外にも、DNAでしょうか、母と同じようにスマートに運転ができ（まわりがそう言ってくれるので、そういうことにしておいてください（笑））、あまり苦労せずに今まで運転できています。

ひとり暮らしのときから、その頃一緒に暮らしていた愛犬のアルテミスと一緒に車に

乗って、ちょっと遠くの公園に行ったり、イヤなことがあると夜中に車でドライブをしたりしていました。今では、キャンプに行くときも仕事に行くときも基本自走。運転が好きだし、むしろ誰かに運転してもらうほうがちょっと気をつかうので、自分で時間を計算して出発し、好きな音楽やラジオを聴きながら運転をしています。

そう考えると、車は私にとってもうひとつの家。家とはまた違うリラックスできる場所だと思うんです。ただの移動手段ではなく、自分の心を整える場所。運転しているときに見る空の透明感や広大さ、高速道路から海沿いに出たときのあの気持ちよさ、車を運転することでもらえる幸せがたくさんあります。

今は、突然思い立って、娘を乗せて温泉に車で向かって一泊したり、母親と娘と3人で

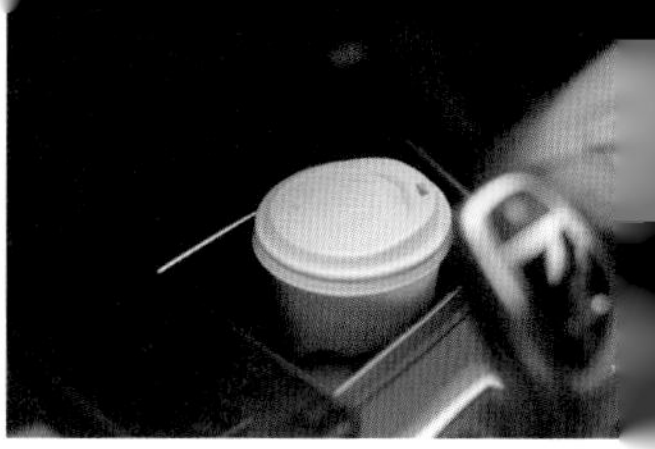

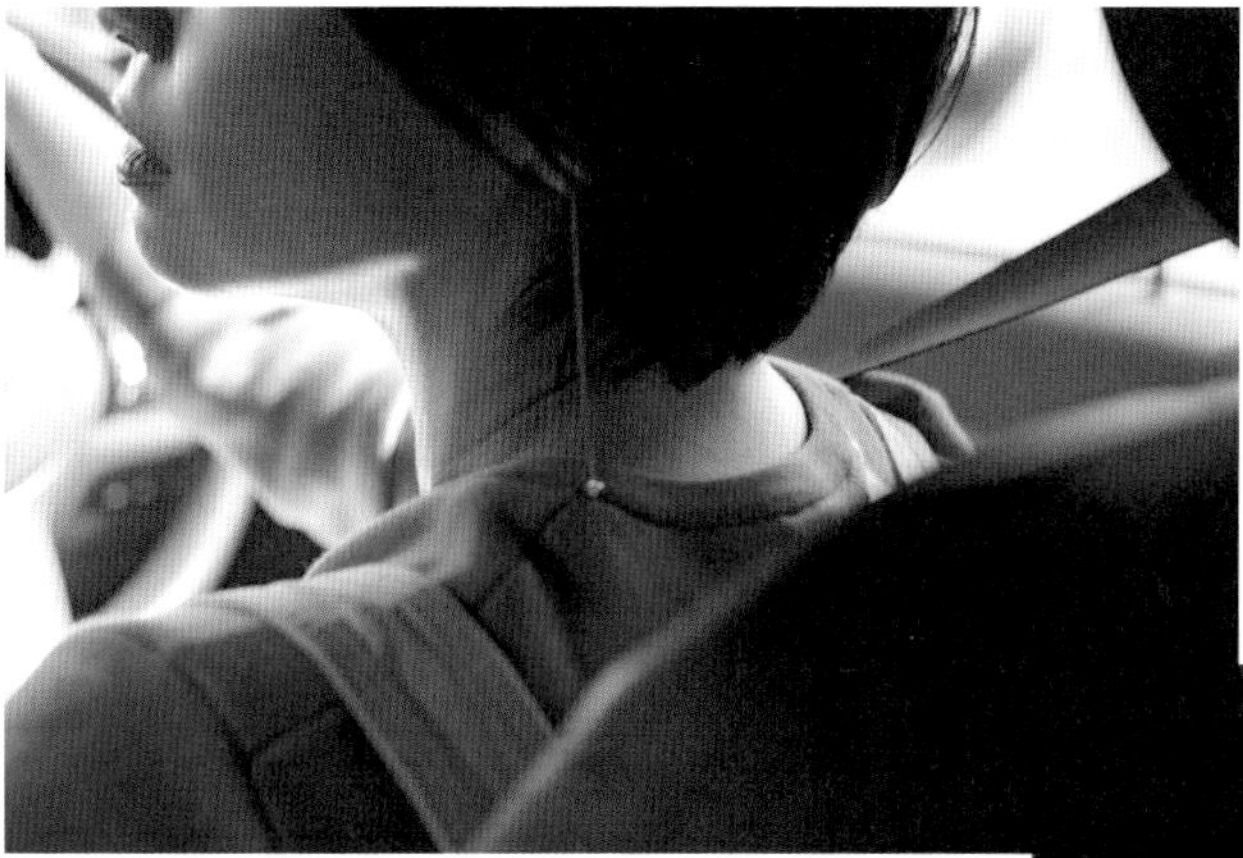

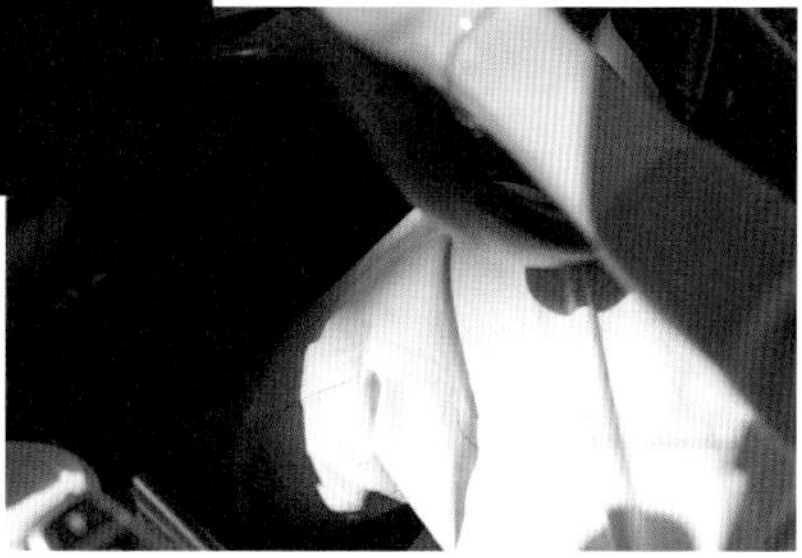

旅行にいったり、たくさんの宝物の時間があります。今は、娘が運転する私を見て、「わたしもおおきくなったらうんてんする！」と目をキラキラさせて張り切っています。

13:30

仕事の相棒たち

16歳から芸能界の仕事を始めて、34歳でアパレルの仕事をするまでは、マネージャーさんが私のスケジュール管理をしてくれていたので、手帳、筆記道具、パソコンなどとは無縁。小さなバッグでいつも移動できたし、大きなバッグを持っていても、ぎっしり荷物が入っているということはありませんでした。

この10年近くは、アパレルの仕事に比重を置いています。シーズンの初めにテーマ決めをし、ブランドのイメージ、一つひとつの洋服のデザイン、生地決め、修正作業、ブランドの経営方針までかかわります。アパレルのことは右も左もわからなかった私ですが、まわりの人たちに教えていただき、今はだんだんとかたちになってきました。

芸能界の仕事がある日もありますが、平日はほぼ毎日アトリエで仕事をしています。二十数年もテレビの仕事をしていた私が、自分で会社を持ち、決まった人たちとマネージャーなしで机に向かって作業をしている……、私の中ではかなりの変化です。これまでと全然違う畑で仕事ができることは楽しくワクワクすることだし、不安はたくさんありますが、好きな生地に囲まれてブランドをつくっていくのは、とても幸せな気持ちになります。

そんな私の仕事道具は、アイパッド、ペンケース、スケジュールが詰まったアイフォン、企画のファイル、名刺入れです。

名刺入れは、ブランドチームから誕生日にプレゼントしてもらったもの。名刺を持ったことがない私が自分の名刺を持っているのも、人生でかなり変化があったことのひとつ(笑)。小さいバッグで移動したいから、大きめのバッグにバッグインバッグしています。

仕事道具が詰まったマイバッグ

たっぷり入る仕様の『A VACATION』のバッグ。立体感のある手触りに、レトロな色柄が気に入って使っています。企画ファイルなどA4サイズのものを入れても余裕があり、重宝しています。

マイバッグの中身

小さめなバッグとお財布は『BOTTEGA VENETA』。小さめのバッグには『Waphyto』のハンドクリームや車の鍵を。キーホルダーや名刺入れは『HERMĒS』のものを愛用。ペンケースはスリムなフォルムがかわいい『SMYTHSON』、ポーチは『CURRENTAGE』のノベルティグッズ、メガネは『OLIVER GOLDSMITH』。

14:00

私の仕事場

ここでちょっと私のブランドを紹介させてください。3年前、『アウターサンセット』というブランドを立ち上げました。実店舗を持つつもりはなく、ウェブブランドというイメージでしたが、仕事場の空気をお客様に感じてもらいながら、商品を実際に触ってもらえたらいいなと思い、青山の骨董通《こっとうどお》りの裏にアトリエにぴったりな場所を見つけました。表の通りに面している場所よりも、ちょっと裏に入った静かな場所がいいなと思っていたので、一度見ただけで「ここがいい！」と決定。

内装は、打ちっぱなしの床や壁に対して、ナチュラルな木の家具に、ゴールドで作ったラック、大きな丸いミラー。冷たいイメージとあたたかいイメージのものをミックスしたいなと思っていました。

ラックはイメージのものを見つけるのが大

変なので作ってもらいましたが、他の家具に関しては自分の足で探しにいって出会ったものばかりです。なかでも、大きな切り株が台になっているローテーブルは、見た瞬間に「これだ！」と運命的なものを感じました。

家のインテリアと同じで、一つひとつに思い入れがあるものを置きたかったので、仕事場ではあるのですが、私にとってもうひとつの大切な家のように感じています。

青山のアトリエは、ただ仕事をする場所なだけでなく、ホッとする場所にもなっています。それは一緒に仕事をするスタッフの人柄もあると思いますが、何かつらいことがあっても、そこに行けばくだらない話ができたり、バカみたいに笑って過ごす時間がある。真面目に仕事をすることも大切だし、当たり前のことだけど、ランチをしながらみんなであーでもないこーでもないと意味のない話をすることも、私たちブランドにとってとても大切なことだと思っています。

ブランドのコンセプトは、「ゆるくて、抜けていて、きれいに見える」。そのコンセプ

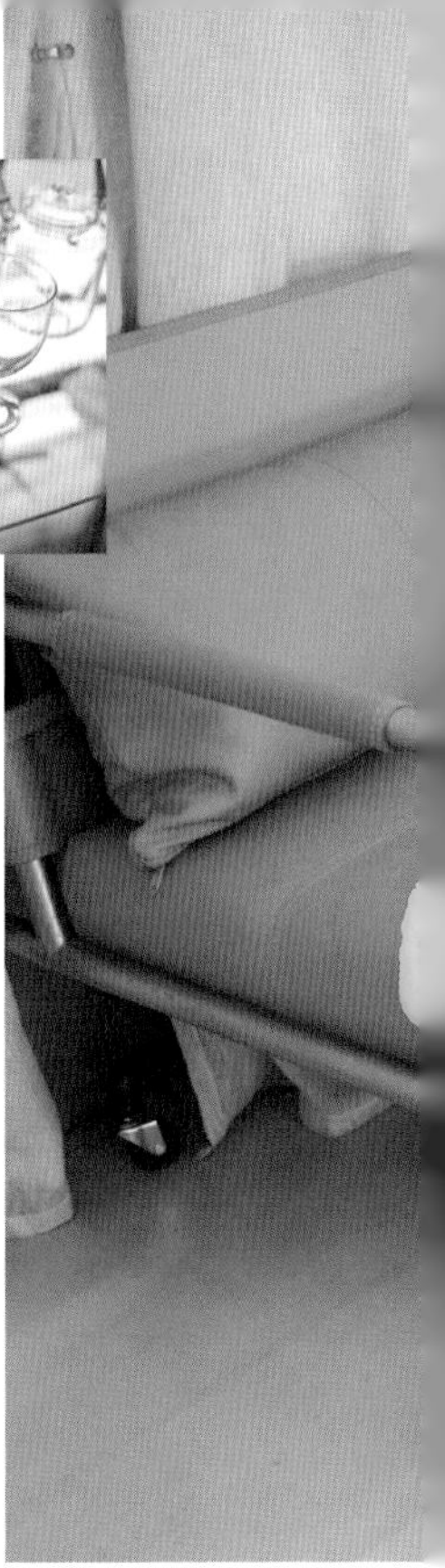

トどおり、もの作りをしている私たち自身もそういう気持ちで毎日を過ごせたらいいなと思っています。

アトリエには、随所に私のこだわりがちりばめられています。自ら選んだ雑貨や家具、オブジェなどを置いて、よりブランドの世界観を演出。試着室も、お客様がくつろげる空間に仕上げてみました。

好きな香りを身にまとうだけで、リラックスできたり、元気になったり。また、つけている香りが、その人の第一印象にもなります。

16:00

オーラを生む香り

3年前から、まるで洋服を着るようにずっと身につけている香りがあります。『サンタ・マリア・ノヴェッラ』の「パチューリ」という香水。香水をつけているという感覚ではなく、身につけているという感覚の香りです。

当時、〝香り迷子〟の私だったんですが、つけてみたら自分の肌とマインドにぴったり寄り添ってくれて、私にとって欠かせない香りになりました。細かい霧状の水滴が体にかかった瞬間、体が脈を打つ感じがし、心が活性化する感覚も味わいました。

パチューリには虫除けの効果があるといわれています。18〜19世紀にかけて中国から中東へ絹を運んだ人たちは、虫除けのために乾燥させたパチューリの葉を包んで身につけていたのだそう。

パチューリを愛用している友人が声をそろえて言うのですが、「つける人によって香り方が違う」不思議で魅力的な香りなのです。「香りはオーラのお化粧」といわれたりもしますが、好きな香りを3種類くらい持っておいて、そのときの自分に合うものをチョイスするのもいいですよね。

「お気に入り」という言葉は「気が入る」というだけあって、気に入っているものを使っていると、自分に「良い気」が返ってくるのだとか。「気が入る」香りは、「お守り」のようにも感じています。

人に印象を強く残す効果もある香り。それほど人の記憶に入り込みやすいものですが、その香りを四六時中感じているのは誰より自分自身。自分が心地よさを感じたり、その香りで自信が生まれたり――。そんな香りとの出会いは一生ものなんだと思います。

邪魔にならない程度に手首にまとわせる

手首にワンプッシュつけたら、両手首で軽くこすり合わせます。首元にもほんの少し。やさしく香る適度の量をつけてお出かけ。

『Santa Maria Novella』のオーデコロン「パチューリ」。オリエンタルで、どことなくあたたかみを感じます。古くから香料や漢方の材料としても親しまれてきたそう。私のお守り的存在。

気分によって変える香水

SCENE 2

仲良しな友だちと会うときに

『Aēsop』の「マラケッシュ インテンス」は、ウッディーでスパイシーな香り。ジャスミンやネロリ、ベルガモットの香りも調和して、どことなく魅惑的に。男性がつけても合う香り。

SCENE 1

エレガントな気分のときに

『FUEGUIA 1833』の「キロンボ」は、とてもクリーミーで甘い芳醇《ほうじゅん》なバニラの香りが特徴で、不思議と癒《いや》され、やさしい気持ちになれます。少し上品な気分になりたいときに。

SCENE 4

気持ちを切り替えたいときに

『MADE BY YOKE』のパフュームオイル「ラサ」は、花びらとともにオイルに浸け込まれ、アーユルヴェーダの伝統的な製法で作られた香り。リフレッシュしたいときに。

SCENE 3

華やかさをまとえる香り

『CULTUS ARTEM』の「アルバ」は、オリエンタルな中に、やさしい柑橘類、黄水仙《きずいせん》、蜜《みつ》蝋《ろう》などが加わり、華やかな香り。仕事でここ一番のときや、大切な人に会うときなどに。

16:30

風の音が心地よいシャンデリア

20代後半の頃、友人の家に遊びにいったら、ふぁ～っと窓から気持ちのいい風が入ってきました。「いい風だな」と思ったとき、シャラーンとすごく心地いい音がして、どこから聞こえてきたんだろ？　と近くを見ると、丸いものがたくさんぶら下がったシャンデリアがテーブルの真上に飾ってありました。

「これって、何でこんなに素敵な音がするんですか？」と友人のご主人にたずねると、「これ、シェルでできているんだよ。デンマークを代表するデザイナーのヴェルナー・パントンっていう人の作品なんだ。シェル同士が重なり合ったときに、いい音がするんだよね」と。存在感がある音というよりは、そのときの自分に寄り添ってくれるような音色。

我が家にも昔、シェルでできた照明がありました。でも、母が地方に行ったときにお土産《みやげ》で買ってきた、もっと南国っぽい照明だったな。こんなスタイリッシュでやさしさを感じるデザインのものもあるんだと、感動したのを今でも覚えています。

「これは……欲しい（笑）」

絶対に高価なものだし、すぐ手に入るものではないと思ったけど、友人のご主人に聞いてみると「中目黒の『ハイク』ってお店に在庫があるか聞いてみようか？」とのお返事。

高価なものだったけど、20代後半の私でも、40代、50代になったときに自分が住んでいる部屋に絶対に合っているだろうという自信がありました。これはかなり大きな買い物になるけど、一生ものだと思い購入を決意。

中目黒のお店に行って、展示してあった実物を見てみると、そのお店の雰囲気にも合うように展示してありました。当時住んでい

『HIKE』で購入したシェルシャンデリア。そよぐ風で貝殻同士がこすれ合う音は、最高の癒し。電気を灯《とも》せばまた違う顔を見せてくれる。

た自分の家の、置きたい場所の写真を持っていって照らし合わせてみると、その写真の世界観にもしっくりきていて、「買います！」と購入を決めました！

何日か後、我が家にシェルシャンデリアが届きました。シェルはデリケートなので、一枚一枚が割れないように丁寧に梱包《こんぽう》をはずしていきます。正直、引っ越し屋さんが大変な思いをしてしまう繊細なシャンデリアなのです……（笑）。

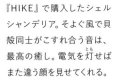

そして、ついに自分の部屋に飾られたシェルシャンデリア。思っていた以上に部屋にマッチしていて、今まで何年も住んでいる部屋なのに、新鮮な印象が生まれ、でも、違和感なく仲間に入ってくれました。

その日から毎日、シェルシャンデリアを眺めました。友人が遊びにきたらシェルシャン

照明も家具のひとつ

ベッドサイド

素敵な家具や生活雑貨のお店『BULLPEN』で購入した、縦長のライト。

寝室

イサム・ノグチが35年かけて制作した“光の彫刻”、「AKARI」シリーズから。

リビング

夜ひとり時間を楽しむときに灯す『ACME Furniture』のライト。雰囲気がアップ。

デリアの説明をし、眺めながら食事をし、大笑いしたり、くだらない話をしたり、涙を流したり。このシェルシャンデリアは、我が家で起こるいろんな物語を見てきてくれたなと思っています。

40代になった今も、シェルシャンデリアは我が家のリビングにいます。未だに遊びにきた友人が、風の音を感じながらうっとりしてくれたり、シャンデリアの下で食事をし、ワインを楽しんだり。ずっとずっと一緒に私たちとともに時を刻んでくれています。

50代、60代になってもそこにある、一生もののインテリアのひとつになりました。

娘とよく行く花屋さんは、代官山にある『odette』さん。珍しい花も含め、季節の花がいつもたくさんそろっています。

17:00

娘と花を選ぶ喜び

京都に行くと必ず寄る場所があります。『ザ・ライティングショップ』というお店。そこには、花恵《かえ》さんというとても素敵な女性がいます。なんだかフランスの女性のように軽やかで華があり、品もあって、さりげない気づかいもできる憧れの女性。お話もとても楽しくて、お店に行くとついつい長話をしてしまいます。そんな花恵さんが、子ども時代の何気ない話を聞かせてくれました。

あるとき、お母様に「今から家に○○さんがいらっしゃるから、あの方のイメージに合うお花を買ってきてくれる？」とお願いされた花恵さん。子どもながらにイメージをいっぱいふくらませて、お客様用のお花を買って帰ったんだそう。花恵さんのお母様は、たびたびそんなふうにお花のおつかいをお願いしていました。

そういう子ども時代を過ごしていた花恵さんだからこそ、相手の空気を感じながら言葉を使ってくれる素敵な女性になったんだろうなぁ、といつも思っていました。

そのときの私にはまだ子どもはいなかったんですが、子どもを授かったら、いつもお花のそばにいるような子にしたいな、と。

やがて子どもを授かり、子育てをしていくなかで、お花屋さんに行く機会もどんどん増やすようにしました。私自身も癒されるし、家の中に小さくても花がある時間というのは、心に余裕も生まれる気がします。娘と抱っこひもで散歩しながらお花屋さんへ行き、言葉は伝わらないけど、

「どのお花がいいかな？」

「何色が好き？」

と話しかけたりして。

買ってきた花を花瓶に挿す時間もまた楽しい。色のバランス、仕上がりの形をイメージして長さを調整していると、つい夢中に。

娘が5歳くらいになったとき、「お友だちの家にお花を持っていきたい」と、自分から言ったことがありました。なんだかすごく

うれしくて、彼女の好きなお花屋さんに向かいました。自分よりも高い場所にある花を見て、背伸びして香りを感じながら、「うーん、○○ちゃんはピンクがきらいなんだよねー。パープルがすきだからこれかな？　でもこれはちょっとちがうなー」と悩んで悩んで（笑）。20分くらい経って、「決めた!!」。

その後、お友だちの家に向かい、一生懸命考えて選んだことを恥ずかしそうに伝えながらお花を渡すと、お友だちも照れて「ありがとう……」。なんてかわいい瞬間なんだろうと、小さな2人を愛おしく思いました。

誰かを思ってプレゼントを選ぶ。大人になった今でも楽しい時間です。そのなかでもお花を選ぶ時間は格別。7歳になった娘は、私の誕生日にも、私をイメージしてお花をプレゼントしてくれるようになりました。

夜時間

EVENING TIME

今日一日を振り返りながら、娘と過ごす至福の時間。
今日あったことをゆっくり話したり、明日に備えたり。
明日もまた頑張ろうと心を整える、大切な時間。

18:00

夕方のバタバタ時間

ここまで読んでいただいた方は、「ちゃんとした生活をしていて、時間の余裕もあるのかしら?」と思うかもしれません。……全然違います(笑)。夕方からのバタバタ時間ったら……。もう本当にしんどい時間が始まります。みんな一緒ですよね。

仕事が終わったら娘を迎えにいき、帰ってきてバタバタ食事をして、お風呂に入って、明日の準備をして寝る。土曜日の作り置きがあるときはそれをちょこちょこと小皿に盛って、もう一品くらい作れば完成。でもそれがなくなったらピンチです。仕事でまだ頭はパンパン、ゆるめるために料理を作りながらビールを飲みたい、いや、座ってゆっくり味わいたい——。と思いつつ、結局作りながら飲んでしまう。

娘がテレビに夢中になっている間に、せっ

せと用意をするのですが、もちろん毎日毎日必ず手作りというわけではありません。なるべくそうしたいけど、ひとりですべてやっているとなかなかそうもいきません。なので、ウーバーイーツさんにお世話になったり。あと、お鍋も多くなります。焼肉も。

料理だけのことではないのですが、自分に甘くするのって、とても大切な気がしています。そりゃ絵に描いたような母親になりたいし憧れますが、私はすべてできないし、無理が出てきていつもイライラすることになってしまうほうが不健康。

こういうときばかりは、自分に甘くしたっていいと思うんです。できないものはできない。できる範囲内で理想に近づける。そういう気持ちでいると、人のせいにしたり、急にパンクしたりしなくなります。

私は自分の母親が働く姿を見て育ちました。なので、働く女性の姿が好きですし、自分もいつまでもそうありたいと思います。一方で、ずっとお家の仕事をしているお母さんにも憧れがあります。うちの娘も、きっとそう思うところがあると思います。ただ、急に私が仕事をしなくなるわけにはいかない。娘もだんだん理解してきて、仕事があることの大切さをわかってきているんだなと感じています。

「仕事と家事との両立はどうしていますか?」とよく聞かれるのですが、両立できていると感じることはないかもしれません。

基本は朝、娘を送ってから夕方帰ってくる時間までは仕事、それ以外の娘といる時間は家族としての時間。土日はなるべく仕事を入れないと決めていて、洋服の仕事は自分で調整をしているので、考えながらスケジュールを組んでいます。

できない自分を責めすぎない、たまには自分を褒《ほ》めて頑張りすぎないことが、自分らしく生きる進み方だと、私自身感じています。

HOLIDAY 18:00

友人と手料理

土日はよく友人が我が家に遊びにきたり、私も友人宅へ遊びにいったりします。まだ少し明るい日の光を感じながら、ちょこちょこと手料理を仕込んでいく時間は、私にとってとても充実した時間です。

おいしい食材が我が家に到着したら「今度の土曜日一緒に食べない?」と声をかけ、お酒が飲める人も飲めない人も集まります。手土産を持ってきてくれる人もいれば、一品作ってきてくれる人、みんなそれぞれのかたちで来てくれるんですが、いつも友人と言っているのは、お互い無理しないこと。前の日大変だったり、家庭によっていろんな状況があるなか来てくれるので、「手ぶらでごめん!」という人もウエルカムで、むしろ手ぶらで来てくれるほうが気が楽だったりします。

会って話している時間はもちろん楽しいのですが、前の日に「今回はこのレシピで作ってみようかな?」とか、「このワイン、○○さん好きそうだな。一緒に飲みたいな」と思う時間も楽しみのひとつなんです。

こんな食材で作って(たいしたものは作れませんが……)、このお皿で盛りつけて、こんなふうにテーブルセッティングしたら素敵かなぁ……とか。自分のワクワクが止まらなくなる時間です。

前に友人が来たときは、みんなで「ラブパク」というものにハマり、「カツオのたたきに合わせたらすごくおいしい!」と盛り上がり、いい大人がキャッキャ言いながら楽しい時間を過ごしました。

昔からの長い友人たちは、私のことを理解してくれる人たちで、ずっとそこにいてくれ

る安心感があります。娘のおかげで出会えた友人も本当にありがたい存在で、この年齢になって新しい友人をつくるのはなかなか難しいのですが、幸せなことに人に恵まれ、素敵

上の写真の真ん中は、エビとイカをオイスターソースで炒め、パクチーをのせた一品。下の写真は豚チャーシュー。豚肩ロースのかたまり肉をしょうがと長ねぎで下ゆでしたら、しょうゆ、酒、砂糖で煮込むだけなんです。

「世界一パクチーに合う」をコンセプトに完成された「LOVEPAKU」ソース。どんな料理にも合います。

常に白、ロゼ、赤ワインは常備。ナパワインの他、ガツンとインパクトのある「BREAD & BUTTER」も。

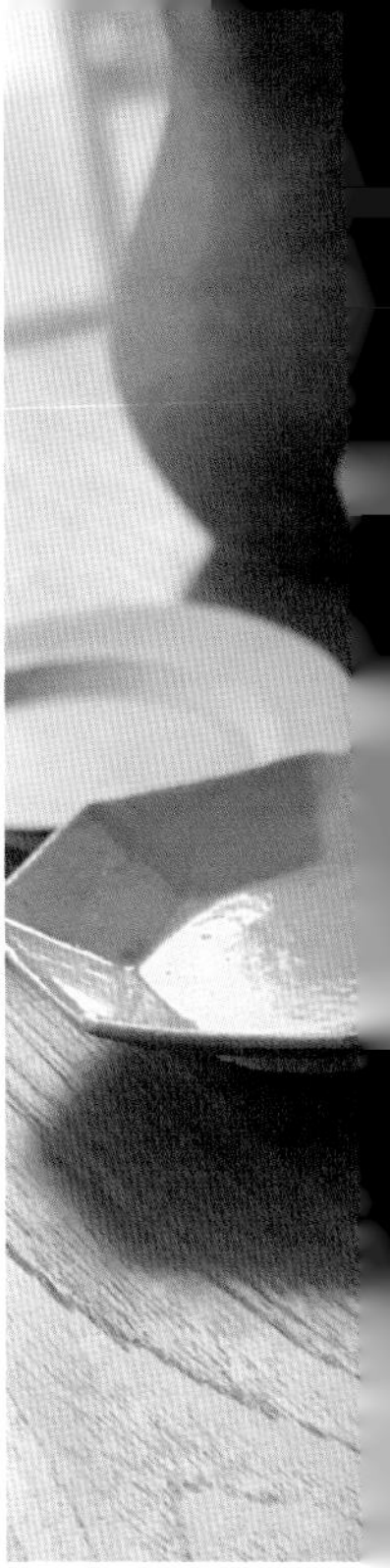

な人たちに出会うことができました。今までの自分では出会うことのないお仕事の方々、完璧に素晴らしい主婦業をこなす友人、私の知らないことをたくさん教えてくれていろいろな感覚を与えてくれる人たち、感謝してもしきれません。

　私がいろんなことでへこたれていても「大丈夫」と言ってくれる友人たち。こんなに大切な存在はないと思います。

　血のつながりはもちろん大切です。家族は切っても切れない大切な存在です。でも血がつながっていない人たちをどうやって大切にするかで、人の深みが見える気がします。

　みんなそれぞれに違う魅力があって、性格も全然違う。こんな時代だからこそ、本当に一緒にいたい人と、いい時間を過ごしたいと思います。

18:30

料理と音楽

土日は友人が遊びにくることが多いというお話をしましたが、そういうときはキッチンに光が差し込む朝からちょっとずつ、夜の集まりに向けて準備をします。下準備をするには、必ず音楽が必要です。気持ちのいい音楽を聴きながら、包丁でトントントン。お鍋でグツグツグツとするわけです。

テレビの音だと、内容が気になってしまって作業が進まなくなるので、アイパッドで音楽を流します。そうすることで、スムーズに段取りよくできる気がしています。

好んで聴く音楽のジャンルはかなり幅広く、久保田利伸から Official 髭男 dism、サカナクション、それからボサノバ、ハワイアン……。あまりジャンルにとらわれず、そのときの気分で聴いています（笑）。

料理には「待つ時間」もあるので、次のメニューの段取りを音楽にのって考えながら、「この曲が終わったら、野菜をゆでようかな？」とか、そんなことを考えます。

ある日、リピートで久保田利伸の『LA・LA LA LOVE SONG』をずっと聴いて作業をしていたら、何回か聴いているうちに娘が覚えてしまい、「ママ、今日も、『とめどなーーくたのしくて、やるせないほどせつなくてっ♪』ってやつきかないのー？」と言うようになり、完璧に歌えるようになってしまいました（笑）。今では彼女のカラオケのレパートリーにもなり、大人から見ているとかなりおもしろい光景。子どもの覚える早さには、頭が下がります。

娘もこれだけハッピーになり、私自身も心地よく料理ができるので、料理と音楽の関係はかなり深いなと思っています。

19:00

人それぞれの財産

初めて陶器に興味を持ったのは、いつ頃だったのかな？ と思い返してみました。

思い出をたどってみると、パリで『アスティエ・ド・ヴィラット』の食器を購入したときだったような気がします。和食器に興味が出たのは、8年くらい前。当時手がけていたブランドで陶器を扱いたくて、沖縄の「やちむん」を紹介してもらったのがきっかけでした。それまでは、フランスの蚤《のみ》の市で売っている感じのお皿やグラスが好きでしたが、徐々に男性っぽいものにも惹《ひ》かれるようになりました。あまりにも素敵なので、沖縄の工房まで行くことも。さらに、いろいろな作家さんの作品が見てみたいと思い、益子の陶器市に行ったり、岡山のガラス工房に行ったり。

そうやっていろいろな場所に足を運んでいると、作家さんと直接お話ができます。皆さんのお人柄や作品に対する思いを聞くことができて、普通に使うよりもお顔が浮かぶというか、一つひとつの作品に思い入れが強くなっていきました。

2月に始めた『アウターサンセット ライフ』というウェブストアでも、いろいろな作家さんの作品をご紹介しています。会ってお話ができないときはズームでミーティングをしたり、作家さんとインスタライブをしたり。そのときは工房からお話ししてくださったり、作品を見せてくださることもあります。こんな時代だからこそのつながり方ですよね。今までは飛行機で会いにいっていたわけですから。でも、飛行機に乗って、どんな空気を吸って、どんな場所で、どんな環境で作っているのかを見にいけないのは、ちょっと寂しくもあります。

仕事で陶器を扱うようになってから、とにかく器の収納場所に困るようになりました。調子にのって「あれもかわいい〜。これもかわいい〜」と言っているうちに、造りつけの棚がパンパンに。いよいよという段階になり、ついに‼　食器棚を購入しました！

どんなものにするのかずっと悩んでいました。前の家では水屋箪笥《みずやだんす》を使っていたのですが、この家には置けないので友人に引き取ってもらい、泣く泣くお別れをした経験があります。今回はそうならないように、サイズやら色やらを考えに考え……。アンティークの棚がよかったので、なかなかぴったりのサイズに出会えなかったのですが、ついにこれだ！　というサイズのものに『ペジテ益子』さんで出会うことができました。ほこりが入るのがイヤなので、ガラスの引き戸がついて枠組みが繊細というのもポイント。色味も思っていたとおりのものでした。

到着した棚は、なんとも品がよくてきれいな木の色。中に食器を入れるのにワクワクしました。その棚に入れてからというもの、今までテレビのほうを向いてお茶をしていましたが、食器棚の食器を眺めながらお茶を飲み、夜はワインを飲み……（笑）。娘に「ずーっと見てるね」と言われながら、自分時間を楽しんでいます。

食事のときに使うだけではなく、眺めたり、買ったときのことを思い出してみたり……。食器たちは、私と一緒に私自身をつくり上げてくれたものでもあります。食器棚の中に私の大切な思い出も入っている。私にとっては財産みたいなものなのです。

お気に入りの和食器たち

毎日時間があれば眺めてしまう食器棚は、『pejite』さんで購入。二段重ねの食器棚で、シンプルな造りながらも趣《おもむき》深いのです。ここでは、私が愛する食器たちの一部を、作家さんごとにご紹介します。

アンティークの器

作家さんのものではないのですが、昔から明治時代のモダンな印判《いんばん》皿がとても好きで、少しずつ集めてきました。肉じゃがや煮魚などの煮物の他、和食に合う和食器です。

舩串篤司《ふなくしあつし》さん

料理をぐっと引き締める額縁のような、モダンながら素朴《そぼく》で味わい深い器を作る陶芸家さん。日常使いからおもてなしまで幅広く使え、料理をのせればまるでアートに。

STUDIO PREPA

長野で吹きガラス工房を営んでいるご夫婦2人の作品。薄手で軽く、とても繊細な作品なのですが、ポットは直接火にかけられる優れもの。これで煎れるお茶は格別においしいのです。

遠藤素子さん

厚みを持たせたシンプルなフォルム、素朴であたたかみのあるオーバル皿が特徴。表情豊かで、手作りの風合いが魅力。ツヤのないマットな手触りが好きで、つい触りたくなってしまう作品。

馬渡新平《まわたりしんぺい》さん

愛らしい丸い器に、素朴で味わい深いお皿。どんな料理を盛っても引き立ち、私の食卓に欠かせない器です。新しさと古さが融合《ゆうごう》し、作り手のぬくもりが伝わる、やさしい味わいがあります。

水谷智美《みずたにともみ》さん

色を何度か塗り重ねたかのような色味、風合いが特徴。光の当たり方によっても表情が異なり、使うたびに新たな感覚をくれます。マグカップは大のお気に入り。やさしさが伝わってきます。

児玉修治《こだましゅうじ》さん

質感に味わいがあり、アンティークのような佇《たたず》まいも感じる、シンプルだけど印象的な作品。細部にまで丁寧な仕事が施《ほどこ》され、使い手の心地よさが考えられている、我が家で出番の多い器。

角田淳《つのだじゅん》さん

作品から力強さを感じつつも、繊細な手仕事の様子も伝わってくる器たち。同じ白でもひとつとして同じ白のない感じがして、奥深さを感じる器です。どこかしらかわいさも感じる作品。

19:30

私のパートナーの調理器具

家時間よりも、外で友人と会うほうが楽しかった20代の頃は、包丁やまな板などの調理道具はあまり気にせず使っていました。

30代になって家で料理をするようになり、ちょっとずつ、自分のこだわりを出していこうかなぁ、なんて思うようになりました。多分インスタグラムや書籍などにこうやって書かない限り、なかなかご紹介できるものではないですよね。わざわざ紹介するものでもないから意味がある！ そんな気がします。

まずは包丁。

包丁って切れればいい、本当にそう思っていました……。でも、料理と向き合うようになり、ちゃんとお店の方とお話しして、自分に合ったものを選ぶのも、すごく愛着がわいていいものだなと思うようになりました。そこにイニシャルを入れてもらい、大切な2本

東京・合羽橋《かっぱばし》の『釜浅商店』で購入したイニシャル入りの包丁。『釜浅商店』さんにはこだわった調理道具がたくさんそろっていて、見ていて飽きません。行くとつい長居して、お店の人にいろいろと聞いてしまったり。私は、他にお鍋なども購入しました。

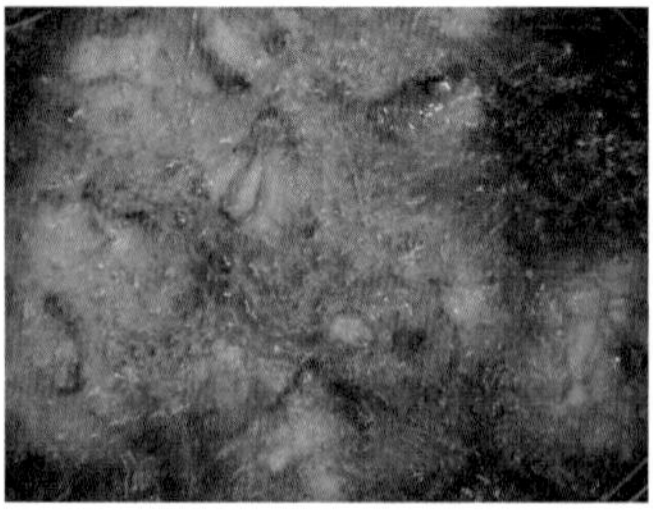

『la base』の「鉄揚げ鍋セット」。これまで家で揚げ物をやるのに二の足を踏んでいたのですが、この揚げ鍋に出会ってからは、かなりの頻度で揚げています。カラッと揚がっておいしいし、片づけも楽ちん。我が家の唐揚げは、下味にマヨネーズを入れるのがポイントです。

が我が家に。定期的にお店に持っていき、お手入れをしてもらうと、より大切な存在になります。

そして、揚げ鍋。

正直なんだか面倒なイメージで、揚げ物ってちょっと苦手かもと思っていました。でも『ラバーゼ』の揚げ鍋を使ってから、揚げ物が楽しい！　何でもっと早くに出会えなかったんだろうと思うくらいです。ちょっと深めの鍋と、こびりつかないツルツルの表面、二度揚げが楽にできるように網がついていて、それをヒョイッと上げると、揚げ物が休憩できるようになっている。さらに油が飛ばないように、ガードする網まで！　本当に素晴らしいのひと言。その後の油の処理は、100円ショップに売っている「油すっちゃいな」におまかせ。ちょいとネーミングまでいい感

『VERMICULAR』のフライパンで作ったものは、何でもおいしい。ちょっと深さもあるので、煮込み料理にも使えます。

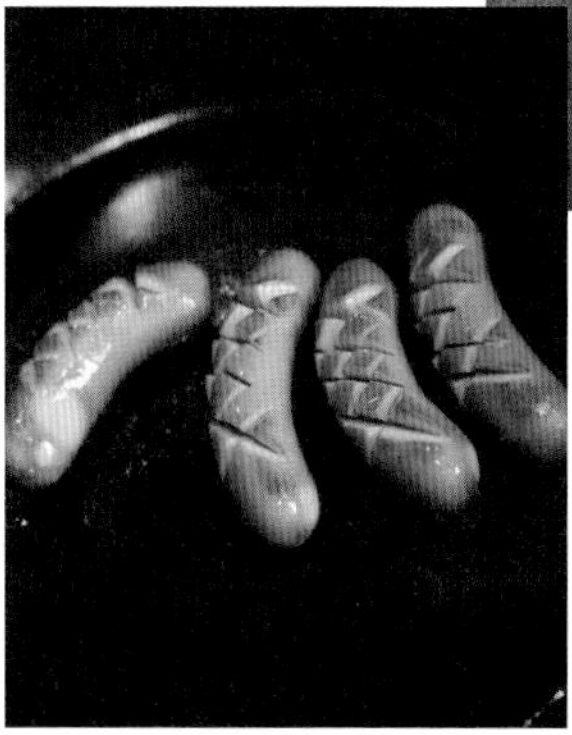

じじゃないか（笑）！　使い方も簡単で、油が冷めたら鍋の中に何個か入れるだけで、油を吸ってくれます。落としぶた代わりに使う「アク取りシート」も、アクを簡単に取れるので、１００円ショップに行ったときは毎回購入しています。

そして、フライパン。『バーミキュラ』のフライパンも素晴らしいのです。ハンバーグもおいしく焼けるし、何よりシンプルなお肉を焼くととてもおいしい。野菜炒めもなんだかいつもよりおいしく感じてしまう。焦げついてしまったら、熱湯や重曹《じゅうそう》で簡単に取れるし、ちょっと重いけど買ってよかったなと思うフライパンです。

あと、『長谷園《ながたにえん》』の「みそ汁鍋」。まず見た目がコロンとしていて、ほっこりかわいい。おみそ汁って簡単だし、野菜がいっぱい摂れ

『長谷園』の「みそ汁鍋」は優秀。鍋のまま食卓に並べ、何度もおかわりしてしまうほど。冷めにくいので温め直ししなくても大丈夫。

るし大好きなのですが、みそ汁鍋を使うといつもよりなんだかおいしく感じる。温かさも持続するし、野菜も早くやわらかくなる。おみそ汁じゃなく、他のスープを作っても、食卓に置くだけでかわいいのです。

　そして、主役のごはんは『山の工房村』の「半睡窯《はんすいがま》謹製炊飯釜」で。何より火加減がい

『山の工房村』のこの炊飯釜で炊いたごはんは、簡単で時短なのに、一粒一粒が感激するほどのおいしさです。

冷蔵庫の中はひと目で何があるのかがわかるように。詰め込みすぎないように気をつけています。

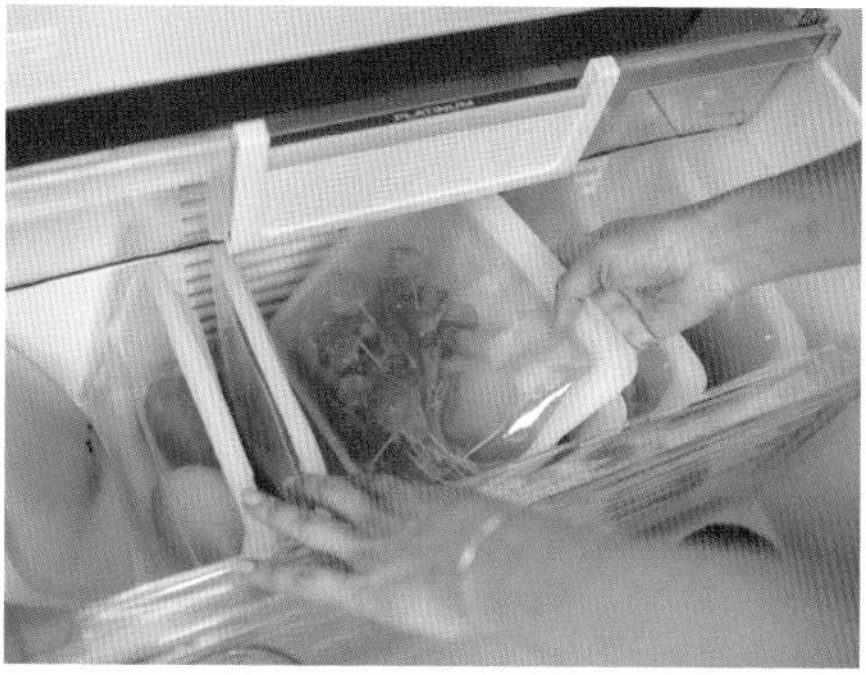

使い始めたら手放せなくなった、『stasher』のシリコーンバッグ。自立型なので収納しやすく、縦置き保存ができるのもありがたい！

りません。強火のみで10分くらい。20分蒸らしたらできあがり。本当に簡単においしいごはんが炊けます。お休みの日のランチのとき、これでごはんを炊いて、ごはんのお供をたくさん小皿にのせて食べるのも、最高に贅沢な時間になります。

また、最近すごく役立つのが、『スタッシャー』のシリコーンバッグ。残った野菜や食材を入れておくのに使ったりするのですが、そのまま電子レンジに入れられたり、お湯に浸けられたり、食洗機に入れられるのもすごくありがたい！　洗うのもとても楽です。中も見やすいので、冷蔵庫の中でもわかりやすくて便利です。

世の中にはまだまだ、便利で自分に合うものがあると思うので、これからどんなパートナーに出会えるのか、とても楽しみです。

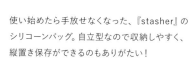

20:00

ひとり掛けイスの存在

正直、ひとり掛けのイスっていらないと思うんです（笑）。なくてはならないものではない、とにかくすごく贅沢なものに感じていました。ひとりで座ってゆっくりすることなんて、あるんだろうか……。どうせソファでダラダラしてしまうんではないか……。そんな考え方の人間だったので、今までひとり掛けイスの魅力にも気がつかず、良さなんて知ろうともしませんでした。

この家に引っ越して3年目。雑誌のインテリアの特集を見ていたら、素敵な大人はみんな家にひとり掛けイスがある、という事実に気がついてしまったのです。

ひとり掛けイス＝絶対になくてはならないものではない＝贅沢なもの＝大人の女。私の単純な図式ができあがり、初めて「ここにひとり掛けイスがあったら素敵かもしれない」と思うときがきたんです。

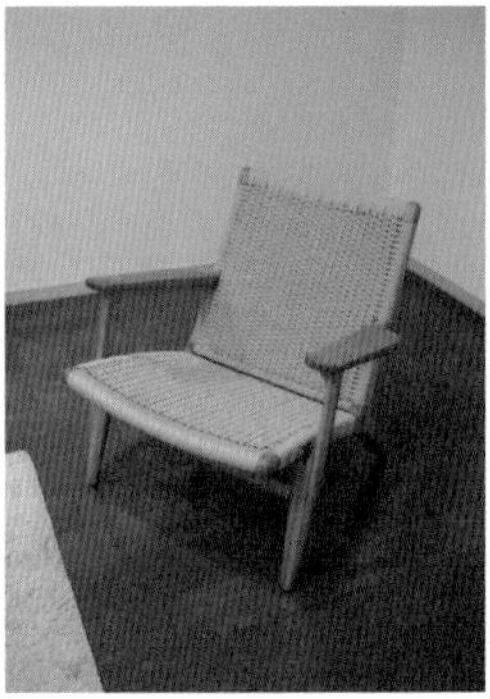

Hans J. Wegnerのラウンジチェア「CH25」。ペーパーコード（座面の紙ひも）がすごく素敵で、座り心地も最高なんです。

イメージしてみると、なかなか素敵な時間が想像できます。天気がいい朝には、イスを窓の外に向けて座り、コーヒーを飲んだり、大きく伸びをしてみたりする。夜はちょっと離れた場所から食器棚に向かって座り、ワイン片手にぼーっと眺めてみる。はたまたテレビのほうを向いて「ネットフリックス」を観ながら、ゆっくりとポテチを頬張る。

最高な時間ばかりじゃないですか。

なくてはならないものではないからこその

贅沢が、ひとり掛けイスにはあるんじゃないかと気づき始めたのです。

こうなったら、素敵なひとり掛けイスを探そうじゃないか！　買わないと思いながらも、実はこっそりチェックしていた家具のブランドを思い出し、いろいろなお店に見にいき、ゲットすることに決めました。

なかなかかわいくない価格のイスですが、私が思い描いていた素晴らしい素材感。ずっと使っていたら味が出てきそうで、我が家の家具とも仲良くなじむ感じ。

そして、私が70歳になっても（生きていれば の話ですが（笑））、そこに座っている姿が想像できるイスです。その頃はどんな状況でどんな家に住んでいるんだろう？　とひとり掛けイスに座りながら想像するのも楽しい時間なのです。

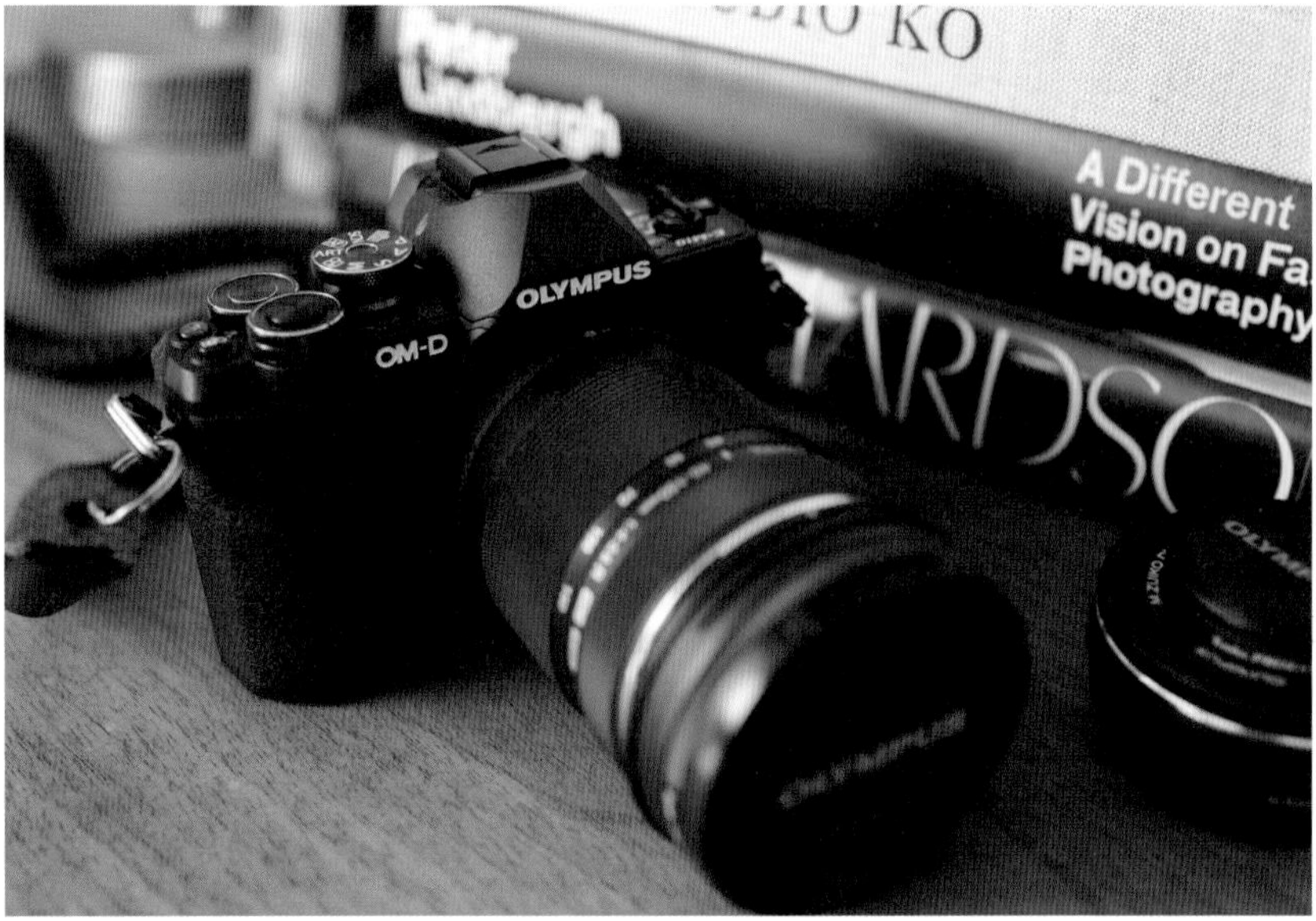

20:30

引き込まれるカメラの世界

20代の頃からよく写真を撮っていて、当時よく撮ってもらっていたカメラマンさんに習って、古いカメラで街並みを撮ったりしたのが写真デビューのきっかけ。お恥ずかしい話……、当時の使い捨てカメラでセルフポートレートの写真集なんかも出していました(忘れてください!(笑))。

そんな私が、また40代にして写真を撮ろうと思ったきっかけは、自分のブランドで販売する器やアクセサリーを自分で撮るためでした。もちろんプロの方の写真のほうが素敵なのは承知しております(笑)。でも、一つひとつの商品をどんなふうに表現し、どんなふうに伝えたいのか、自分で写真を撮ることで表現できないかなと考えるようになりました。

とにかく、ちゃんとしたカメラを買おう。

単純な私は、写真を撮っている友人にカメラを教えてほしいと頼み、「一番簡単なやつ！」という要望を伝えて紹介してもらったのが、今のカメラでした。

撮影は再来週とスケジュールが迫ってきていたので、急いでカメラ屋さんへ。やさしい店員さんに細かくご指導いただき（笑）、毎日とにかく練習することにしました。

久しぶりに撮る写真はなんだか心が躍りました。携帯のカメラもすごいクオリティだけど、カメラは瞬間を撮ることができたり、自分の好きな暗さで表現ができたり、何より奥行きがすごいな、と。料理を撮ってもなんだかいつもと違う。食べる瞬間の娘を撮っても躍動感《やくどうかん》が出る。作っている洋服もとてもイキイキして見えて、一気にカメラの世界に引き込まれてしまいました。

シーンと静まる室内に、カシャカシャカシャッと鳴り響くシャッター音。レンズの中に写る器やアクセサリーが、なんともいえない表情をしてくれる。ここから見るとこんなふうに見えるんだな……とか、いろいろな発見があります。

20代の頃に戻った感覚と、重ねた時間による40代になった私が感じる、初めての感覚。その両方が私の脳みそを刺激してくる感じ。

20代の頃は、自分をどう見せるか、どう見られたいかという気持ちで撮っていたと思います。でも今は、自分はそこにいるけど、洋服や、器、器を作った人の思い、そういうことを感じながら撮っていて、そういう写真はまた新たな気持ちで、時間を重ねたご褒美《ほうび》かな、と思いました。

歳を重ねるのは怖いです。不安です。

「30代は楽しいわよ！」と先輩に言われていたときとは訳が違います（笑）。誰もが葛藤《かっとう》のなかで生きていると思います。でも重ねないとわからない大切な気持ちや感じ方を、ご褒美としてもらえるんだというられしさが、40代の今、ここにあります。そのことを、写真を通して教えてもらうことになりました。

若い頃やっていたことを、もう一度チャレンジするのっていいことなのかもしれません。今から新しいことをするのはちょっとしんどいなと思うこともありますし。昔に戻ることで、新しい感覚の自分に出会えるきっかけをくれるかもしれません。

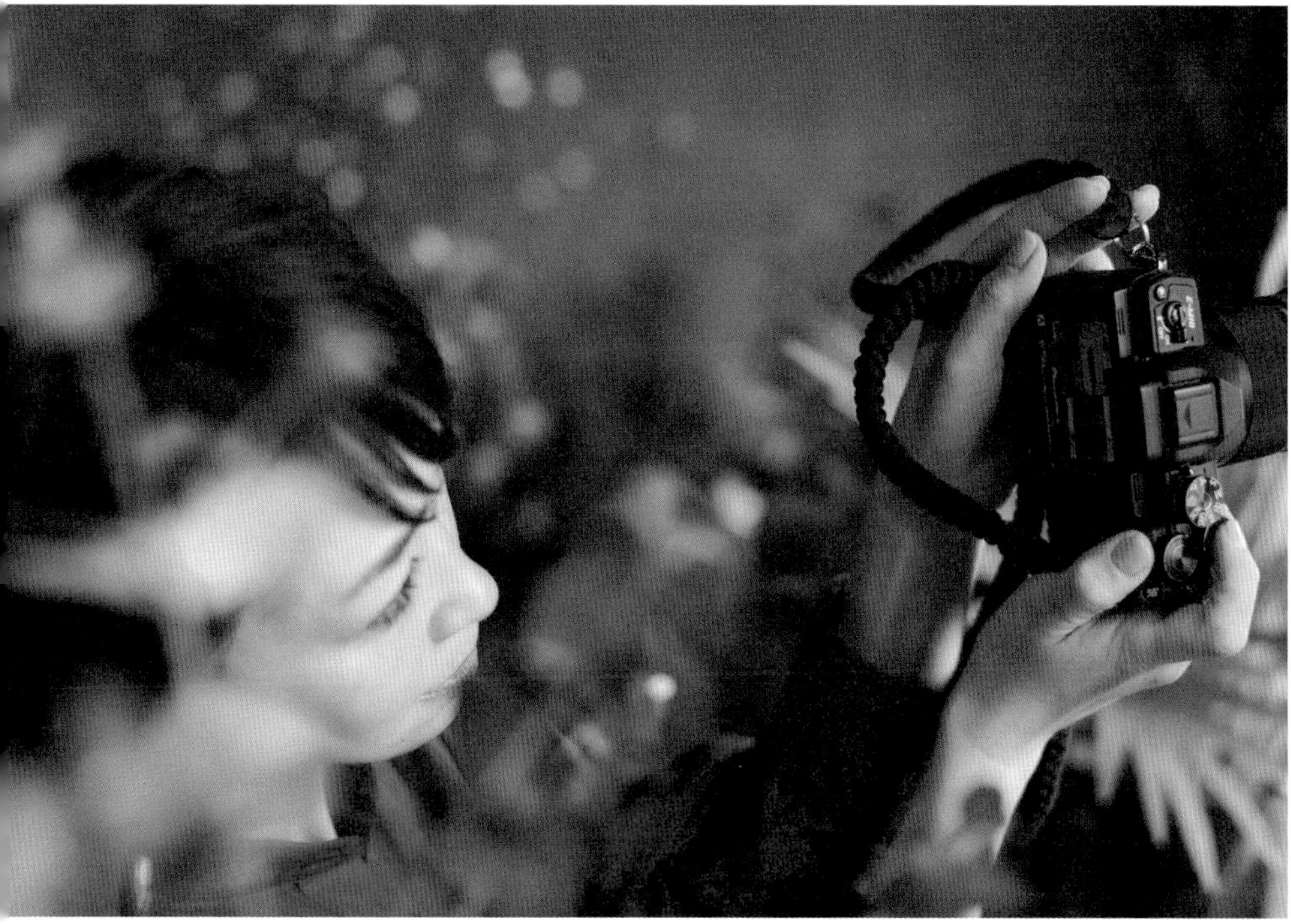

21:00

言葉からもらう栄養

私は人と話すことが好きです。

楽しいのはもちろんですが、いろいろな人の考え方、生き方を知りたいというのもあります。自分が思っていたことと反対の意見が聞けたり、経験したことのない話を聞くことは、凝り固まってしまいがちな価値観をゆるめることができる気がするんです。

私もそうですが、経験したことのないことや、自分の考え方と違う答えが返ってきたときに、自分が正しいかもわからないのに、「え、この人なんか違う……」って思ってしまうことがあると思います。

最初は自分の家族という小さい世界に生まれ、親や学校というところでいろいろと学ばせてもらう。社会人になり、もっと広い世界に出ると、いろいろな人がいて家族以外の人たちから学ぶことがたくさん出てくる。そこで人の痛みがわかったり、自分が経験していないことも頭で想像して、「つらかっただろうな……」とか「そういう考え方もおもしろいな」と感じるようになったりするのかな、と思っています。

そのなかで、言葉というのは本当に大切な人間ができる表現のひとつだなと、いつも感じます。言葉で気持ちを動かされたり、やさしい気持ちになったり。反面、言葉は人を傷つけることもできてしまいます。娘を見ていると、子どもなので、すごく純粋な言葉と恐ろしく素直でまっすぐな言葉を言うときがあったり、まだ「うーー」と泣くことで表現したり、言葉で伝えられないことがたくさんある場面もあります。

まだ小さな女の子ですが、人を傷つけることなく、自分の意見もきちんと持っている大

人になってくれることを願っています。なので、まだ難しいかもしれないけど、「言葉は何のためにあるの？」と話すことがあります。「ゆっくり時間をかけてもいいから、今思っていることを言葉にして伝えてね」と。私が教えられることは限られているので、大人になって外の世界へどんどん出ていって、いろんな人たちにたくさん教えてもらってほしい。そう思います。

　私自身は40代のいい大人ですが、言葉について考えることは多くあります。私も完璧じゃありません。でも、こんな私でも少し意識したら何かが変わるんじゃないかと思っています。仕事をしていくうえでも、感謝しかないと思っています。恥ずかしがらずに、きちんと言葉で表現する。相手のお誕生日に添える手紙でもいい。とにかく表現する。そう決めています。

「言葉で損をするよ」

　デビュー当時、生意気で、不安定になっていた私に言ってくれた先輩がいました。「言葉を使う仕事をしているなら、なおさら気をつけなさい」と。すごくグサッときました。

「『言ってはいけない事を、最も言いたい時に言わない』のが大人というもの」

　劇画原作者の小池《こいけ》一夫《かずお》さんのこの言葉を、ずっと胸にしまっています。

　人からの言葉は本当に栄養になります。まだまだ学ばなくてはいけないことがたくさんある40代です。

21:30

やるやらないの基準

40代になって、自分がやれることと、やれないことがわかってきた気がします。

でも、最初から「やらない」という選択をするわけではありません。今の自分の生活のなかで無理なくできること、気持ちが上がることは取り入れてみたいと思うタイプです。

SNSでの情報収集が当たり前の時代になりましたが、あがってくる投稿が、みんながしていることで、それが当たり前みたいになってしまうことが、ちょっと怖いなぁと思うことがあります。自分のペースでいきたいのに、なんだか自分だけ違うんじゃないか？足並みをそろえなくちゃいけないんじゃないか？と不安になることがあると思います。そして、できない自分を「こんにゃろー！」と責めてしまったり……。

料理でいうなら、レシピをロジカルに考え

る人、細かくいろいろ仕込むのが上手な人、仕上げをするのが楽しい人……などいろいろそれぞれの楽しみ方があります。私は、難しい料理をだしからとってやるタイプでもないし、簡単に素敵にできるのが一番！　と思うズボラなタイプなので、「これならできる」「これはちょっと難しいかな？」と自分と相談しながら無理のない範囲で決めていきます。

SNSを始めた頃は、「あ、これ、私もやらなきゃいけないのかな？」とまわりを見ながらやっていたものですが、すっかり歳を重ねた今は、自分がつらくなるもの、頑張らなくちゃいけないものはやらないと決めて、とても身軽になりました。

40代になって、わざわざ頑張ることを増やす必要はない。楽しむことを増やすほうがいい。自分は変われないんだから、今の自分を受け入れる。自分自身を受け入れることも自愛だと思っています。

「私にはできないな。やめよう」と思ったことのひとつがお菓子作り。やさしい女性がお菓子を作る姿……、とても憧れるんです。「趣味は何ですか？」「お菓子作りです」、この会話も憧れます。お菓子が作れる人は、なんだかやわらかい雰囲気のイメージがあるし、「つまみが得意です！」というおじさん臭い私とは、ほど遠いイメージです（笑）。

でも、どうしてもバターの量を計り、粉物を計り……というあの工程が面倒になってしまい、「私は、売っているものをおいしくいただこう！」という結論に至りました。諦《あきら》めや人に頼るというのも、とても大切な、ゆるりと無理せず生きることにつながると信じています（笑）。

21:45

一日頑張った肌へのねぎらい

若い頃はよくエステに通っていました。逆に今は、寝る前のケアが重要になってきています。と言っても、すごく時間をかけてゆっくり自分時間を持つ、ということではありません。何年もいろいろなことに興味を持ってやってきましたが、「自分に合うものを3つ見つける」ということが何より大切なこと、という考えにたどり着きました。

ケアは時間をかけても、合わないものを使っていたら、何も変わっていかないし……、だったら、とにかくたくさん試して経験して、どれが合うのかを知る、ということが自分の肌を保つ秘訣《ひけつ》になるな、と。

合うものも年齢によって変わるし、自分の肌を毎日鏡でしっかり見ながら、そのときの自分に合うものを探していくのがいいのかなと思います。自分に合うものを3つ見つけるというのは私の勝手な考えなんですが、ずっと同じものを使い続けると、肌が慣れてしまうというもの。2つでもなんだかしっくりこなくて……、自分の1か月の肌の状態を3回に分けるとちょうどいいように感じています。

いつも同じようなタイミングでいい時期や悪い時期がくるわけではないのですが、「あ、この状態は前にあったダメな時期だ！」などと、自分を知るとだんだん何を使うのがベストなのかわかるようになってくる気がします。

そのなかでも私がずっと続けていることは、朝の洗顔はぬるま湯のみという習慣。夜寝る前にしっかり洗顔をすれば、そんなに汚れないし、「洗いすぎないほうがいい」という話を聞いてからは、ずっと〝ぬるま湯女〟

です。体を洗うときも手で洗うので、ブラシやスポンジは使っていません。こちらも洗いすぎはよくないと聞いてから続けています。人によっては、ゴシゴシ洗ってさっぱりする人もいるかもしれませんが、私は刺激が多いと肌を傷めている気がして、やらないようにしています。

お家ケアをずっとおすすめしている私ですが、もちろんちゃんと体や肌のために、プロの手にもお世話になっています。

84ページの「体と心の健康」にも書きましたが、鍼もそのひとつ。年齢を重ねてから、やはり自分の体の中も健康な状態じゃないと、肌にも、体のラインにも出るということを本当に感じます。私は目が悪いので肩が凝りやすく前肩のため、首の前の部分が張ります。鍼の先生に見せると、すべて内臓からき

ていて（元々私は胃が弱いほうなのですが）、それがすべて首に出ているとのこと。たしかに、鍼を胃の反射区（足裏）に打つと、胃がすごく楽になります。そういう効果を感じるので、美顔鍼《びがんばり》をしたり、顔をエステで流す前に、根本をちゃんと整えることにしています。

ここまで自分で書いていると、心と体のつながりというのをすごく感じます。そのひとつとして、植物療法士の森田敦子《もりたあつこ》さんに出会ったのも、私にとって大きな出来事でした。30代半ばくらいから、今まで感じたことのない不安や、日々の疲れも感じるようになりました。今までは市販の薬を飲んだりしてなんとかしてきたことも、なんとも言えない心の状態に出会うことになります。言葉で説明できないような、人に話してもわかってもらえない、男性からしたらただのワガママなんじゃないか？　と勘違いされてしまうようなこともあるかもしれません。女性それぞれに違う症状が現れたりすると思います。そういう状態を森田さんは、細かく聞いてくれて寄り添ってくれました。でも深刻にならず、「大丈夫！」と背中を押してくれます。そういう森田さんにどれだけ助けてもらったかわかりません。

何か不安なことがあったとき、ひとりで抱え込まずにプロに頼るというのも、自分にやさしくしてあげる方法のひとつだと思います。

自分の体や肌と話し合って、体と心はすべてひとつだと思うことが、若々しくいられる秘訣なのだと実感しています。

肌と相談して変える基礎化粧品

c

ここぞというときの
スペシャルケア

ファミュ

FEMMUE

この「ドリームグロウマスク」を使うと、次の日の肌の仕上がりが全然違う！　何度もメイクさんに褒められたシートマスクです。「ルミエール ヴァイタルC」は肌のキメを整えてくれる美容液。透明感が出て、なめらかな肌に仕上がり、40代の私の強い味方です。

b

香りにも癒される

ワフィト

Waphyto

植物療法士の森田敦子さんが日本初の植物バイオメソドロジーブランドとして立ち上げた『Waphyto』。とにかく香りが最高で、イライラしたり、疲れきったときに使用すると、心までやわらかくなる感じがします。「レジェナ フェイシャルオイル」は浸透力を実感。一日の終わりを癒してくれます。

a

デイリー使いの

マキアレイベル

MACCHIA LABEL

化粧品を作っている女性たちの顔が見えてくるような、とてもやさしい使い心地の化粧水やクリームばかり。その中でも「一年分の肌ダメージをリセットする」というコンセプトの「エクストラリセットクリーム」が、驚くほどの効果を実感できて、最高なのです。

e

肌の調子がいいときに
喝《かつ》を入れる

エンビロン

ENVIRON

肌が弱っているときに使うと、少し強いと感じることがありますが、肌の状態がいいときに使い続けると、肌が変わっていくのがわかります。ビタミンAが配合された基礎化粧品で、シワやたるみに効果が期待できるのだとか。特に40代になってからは使い続けている化粧品のひとつです。

d

ずっと寄り添って
肌に元気をくれる

ドゥ・ラ・メール

DE LA MER

昔から愛用している、安心のドゥ・ラ・メール。原因不明の肌トラブルにも期待でき、乾燥してきたなとか、肌荒れしてきたなというときに重宝しています。リッチなテクスチャーのクリームは、乾燥時に目元に使うと、ハリと潤いを実感。これと出会ってからは手放せなくなりました。

OCEANIA

22:30

眠りに向けての香り

昔から香りが好きです。

部屋の中を自分の好きな香りにしたり、アロマを焚《た》いてリラックスする時間も、私にとってすごく大切な時間です。

常に置いているディフューザーは、ずっと使っていたものがあったんですが、最近は香水でもお世話になっている『サンタ・マリア・ノヴェッラ』のものを使っています。このシリーズは5つの大陸を5つの香りで表現したルームフレグランスで、香るだけで世界を旅しているような気持ちになります。私が好きなのは「オセアニア」。グリーンティーやアカシアの香りがします。甘すぎる香りが苦手なので、爽やかな甘さのオセアニアはホッとします。

他には『サンタ・マリア・ノヴェッラ』のポプリを置いたり、香木を火で炙《あぶ》って置いたり、アロマも焚いたりします。

なかでもアロマは大好き。焚かない日はない、と言っていいほどアロマに毎日助けられています。アロマに関しては、オイルウォーマーの見た目も私には重要で、ガラスの中でお湯とオイルが混ざった様子が見えたり、あたたまってホカホカしている空気感が出るものに魅力を感じます。

お気に入りで使っているものは、『キントー』のアロマオイルウォーマー。ガラスの丸みと、コーヒー器具を思わせる感じ、シャープなデザインがなんとも言えず、素敵。

アロマの精油は『イソップ』のものを。朝はすっきりと前向きにいきたいので、「イザベル」という香り。スペアミントの葉、セージの葉、ローズマリーの葉が入っています。かなりすっきりするし、朝のお天気関係なく

気分が爽やかになります。
お昼は「ベアトリス」。アーシーとシトラスのブレンドされた香りが活力と感覚を刺激してくれ、仕事に集中しなくちゃというときには、とてもいいです。
夜は「アヌーク」。シトラスとイランイランのフローラルノートブレンドの落ち着いた香りが心をゆるめてくれる感じがします。
寝落ちには注意しなくてはいけないですが、ベッドで本を読みながらゆっくりするときとか、今日あったいいことや悪いこともプラスに変えて眠りにつくときに、大きく深呼吸しながら香りを体の中に入れて眠ることは、心の健康のためにも明日のためにも、とても大切なことだなと思っています。その日にあったことを引きずって眠ると、ちゃんと眠れた気がしないし、次の日まで引きずっているとプラスに作用しないな、と。

香りの力を借りて、自分の気持ちをちゃんとリセットしてから眠ることは、心も体も健康でいるためにとても大切なことだと感じています。

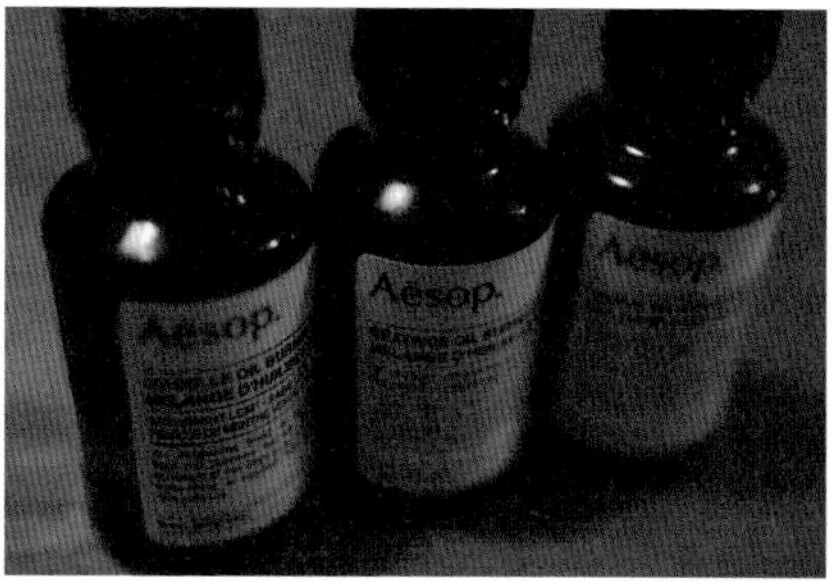

『Aēsop』のオイルバーナーブレンド「イザベル」「ベアトリス」「アヌーク」。朝昼夜で香りを使い分けています。

アロマオイルウォーマーは『KINTO』のものを。繊細だけどあたたかみのあるフォルムは、眺めているだけで癒されます。

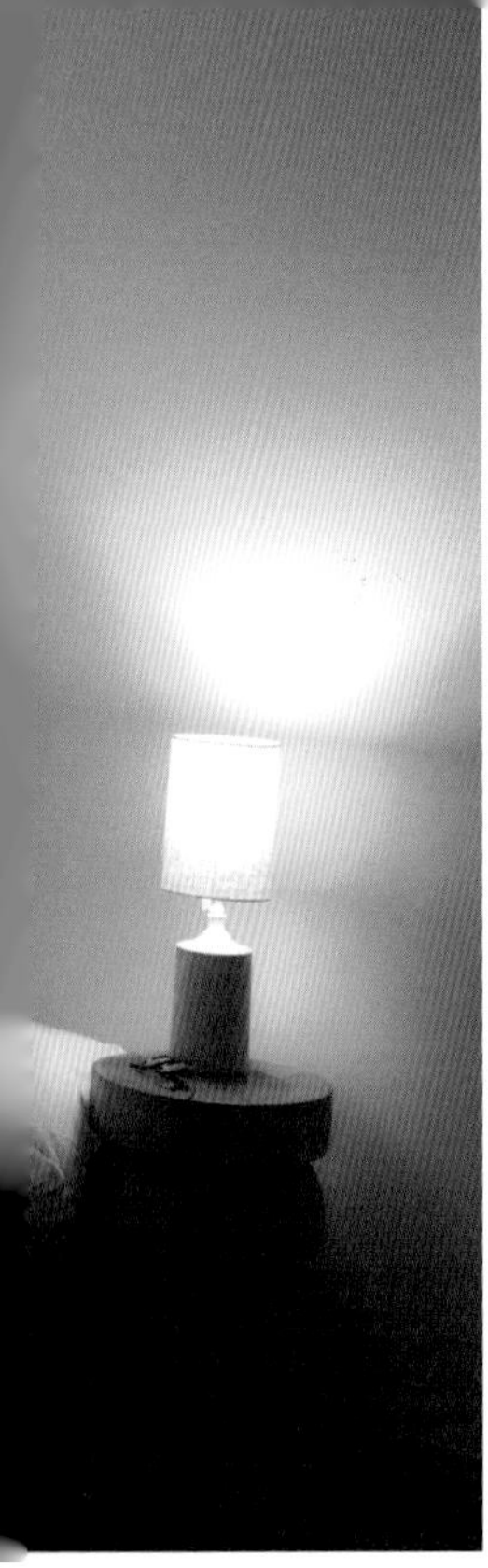

ベッドは『無印良品』で購入しました。サイドテーブルは、ウッドターナー、Dan John Andersonのもの。

23:00

心を丸くするベッドルーム

我が家のベッドルームには、丸いものがたくさんあります。もちろん丸いベッドが置いてあるわけではないですが（笑）、いろいろな場所に丸いものがあります。意識してそうしたわけではなく、なんとなくベッドルームをつくっていったら、丸いものが集合していました。

まずベッドルームに入って目に入ってくるのは、和紙で作られた丸いライト。ライトをつけていないときは、やさしい和紙の雰囲気が心をほっとさせてくれ、夜ライトをつけると明るすぎずちょうどいい光で部屋を包んでくれます。寝ているときに天井を見ると、なんだか満月みたいに見えて神秘的なんです。丸くできる影も素敵だったりして、ライトひとつで大いに楽しませてもらっています。

サイドテーブルも、木でできた縦長の丸い

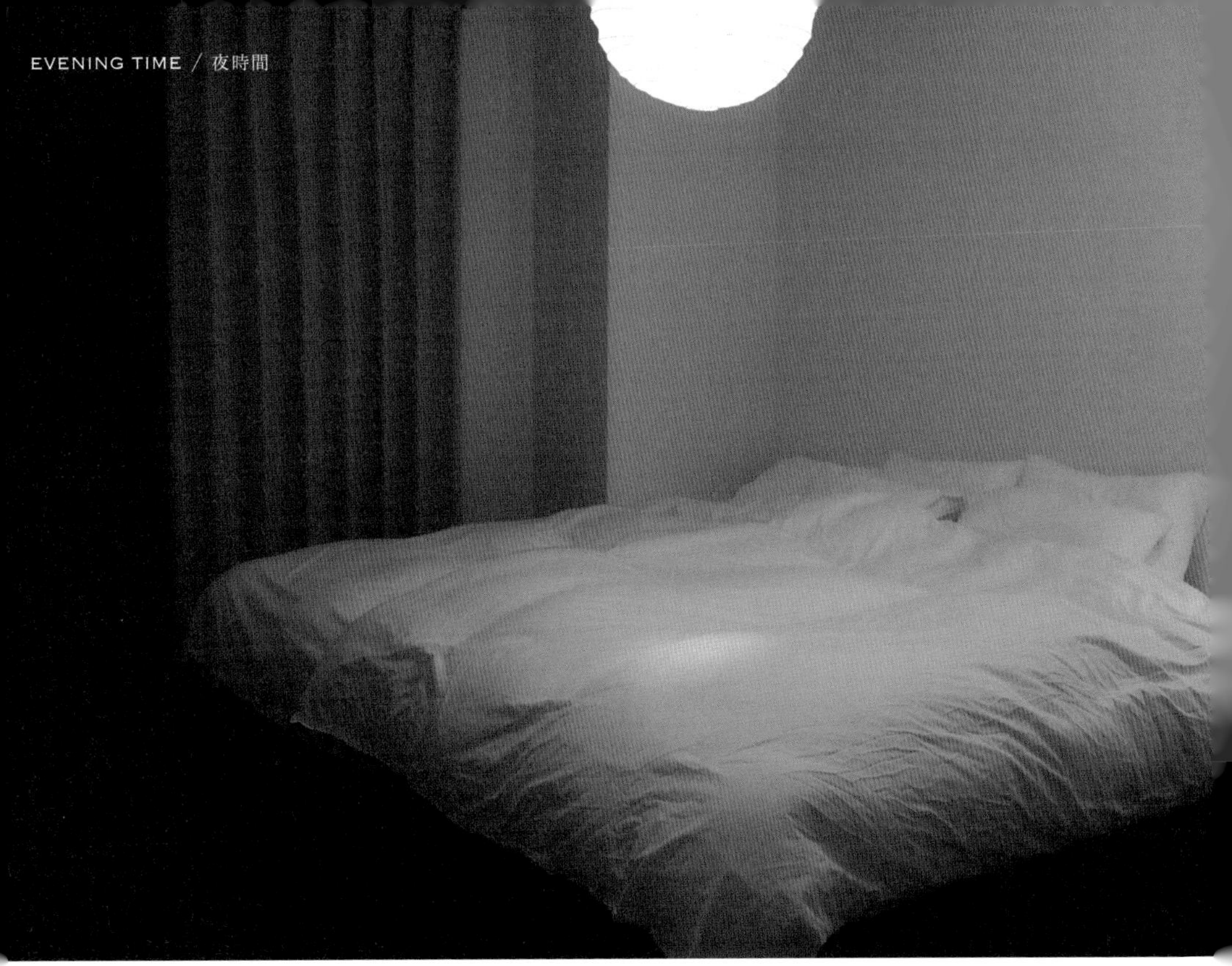

テーブル。ちょっとメガネを置いたり、アイフォンを置いたりするテーブルに使っていますが、ベッドと同じくらいの高さで、ちょうど丸い形が見えます。角ばったものを置くより、やわらかい空気になるのが好きで、とても気に入っています。その丸いテーブルの上には、またまた丸い形のベッドサイドランプ。棚の上に置いてある、アロマやらを置いている木のトレイも丸。

丸いものに囲まれて、ベッドに倒れ込んだ私は、イヤなことがあっても、イヤなことを言われても、ニヤリと嘘でも笑うことができるのです。最初に書いたように、わざわざ丸いものを集めたわけではありません。でも、そういうものが集まり、自分がそこにいて囲まれるだけで、自然とふわっとやさしい気持ちになっているのかもしれません。横になっ

てやさしい気持ちになった私は、まっすぐ先にある海の写真を見ます。きれいな青に、広い海を見ながら一日をリセット。

ベッドリネンは必ず白。昔から白いシーツ、枕カバーが大好きなんです。多分ベッドルームに色をつけたくないから、ついつい白を選んでしまう。眠るときは、その日に何があったとしても、真っ白な気持ちに戻って眠りたいと思うし、色のない寝室のほうが朝の光もきれいに入ってくる気がするんです。

やさしい木の色と白。

入ったとしてもアート写真のブルー。

リビングもそうですが、カーテンも壁に近い色を選びます。そうすると、目の中に入ってくるものがシンプルで心がすごく安らぎます。

昔はテレビを観たり、音楽を聴いたりして寝ていましたが、音は聞かず、情報は頭の中に入れず、無の状態でお布団に入ったら寝る（笑）！ そんなふうにここ何年かは過ごしています。

インスタグラムで「何時に寝て、何時に起きますか？」というご質問をよくいただきます。もちろん曜日や仕事によって違いますが、平日は22時くらいに寝落ちしてしまうことも。朝もまちまちですが、6時くらいに起きます。朝の3時くらいまで飲んでいた昔の自分からは考えられない生活ですが（笑）、夜中に仕事をすることもなくなり、とにかく体が楽。肌も調子がいい。無駄にマイナスなことも考えない。いいことしかないんです。

この私のルーティンは変えたくないと思いつつ、土日になるといつもよりダラダラゆっくり起きて、お菓子を食べながら「ネットフリックス」を見たりして、ダメ人間な時間も過ごしています（笑）。

このストイックすぎない自分がとても心地いい。たまに頑張って、たまにサボって、自分らしいマインドをつくる。その調整をしているのがベッドルームなのかもしれません。

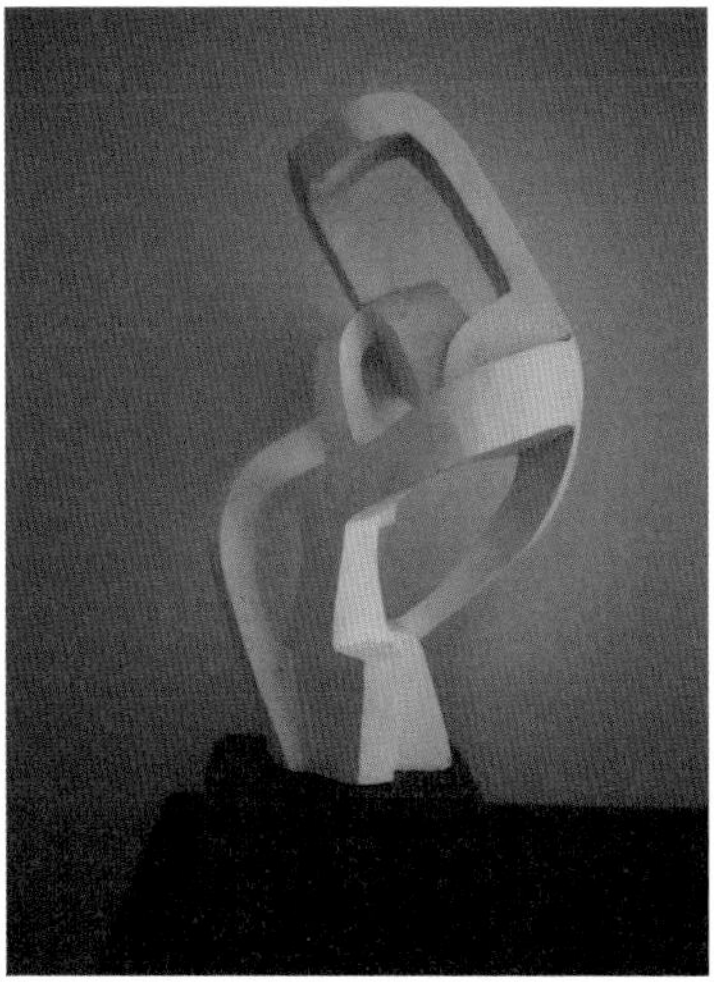

おわりに

この本を制作している期間、私にはいろいろな変化がありました。本を作り終えた今、私はここに載っているお家には住んでいません。そして、車も違う車に乗っています。

住まいや車を変える計画はしていたものの、そのタイミングのすべてが、本を出版する頃になるなんて考えてもいませんでした。でも、流れに身をまかせていたら、今私は違う場所にいます。

とはいえ、この本に載っている家具たちは、今の私の新しい家にも同じように存在しています。そちらもまた、インスタグラムで発信していくので、見ていただけたらとてもうれしいです。長年住んだ大好きだった家を、こうやって書籍に残せたこと、とても幸せだなと感じています。

この家で私はいろいろなことを学ばせてもらい、いろいろな思いとともに過ごしました。私にまたひとつ、ジャンプす

るきっかけを与えてくれた場所でもあります。この場所に感謝しつつ、次はまたちょっと挑戦して、調整して、皆さんにお会いできたらと思っています。

40代の自分の人生を大切に、まわりの人を大切に、一日笑顔多めで生きていけるように、これからも日々精進していきたいと思います。

最後になりましたが、こんな私を応援してくれている皆様、本当にいつもありがとうございます。40代なのに未熟さが残る私ですが、これからも末永くよろしくお願いします。

2021年4月吉日

辺見えみり

辺見えみり（へんみ・えみり）

1976年12月16日生まれ。93年に「いちご白書」でドラマデビュー。数々のバラエティ番組に出演。2013年にアパレルブランド「Plage」をオープンし、18年までコンセプターを務める。現在は自身のブランド「OUTERSUNSET」のディレクターを務める。

重《かさ》ねる時間《じかん》

2021年6月5日　第1刷発行
2021年6月20日　第3刷発行

著者　辺見《へんみ》えみり
発行者　佐藤靖
発行所　大和《だいわ》書房
東京都文京区関口1-33-4
電話03（3203）4511

ブックデザイン　内村美早子（anemone graphic）
撮影　猪原悠（TRON）
辺見えみり（P.11上2点、P.12下3点、P.13上1点、P.21下2点、P.107、P.108、P.120上3点、P.122下2点）
ヘアメイク　石川美幸
協力　梅澤興三郎（太田プロダクション）
編集　滝澤和恵（大和書房）

印刷　歩プロセス
製本　ナショナル製本

ISBN978-4-479-92149-3

http://www.daiwashobo.co.jp/

日本音楽著作権協会（出）許諾第2103519-101号